快慢之间有中读

中国社会学通识课

社会学看中国

渠敬东 周飞舟 王铭铭
田耕 陈波 徐勇 刘世定
吴小英 王宁 王天夫 著

生活书店

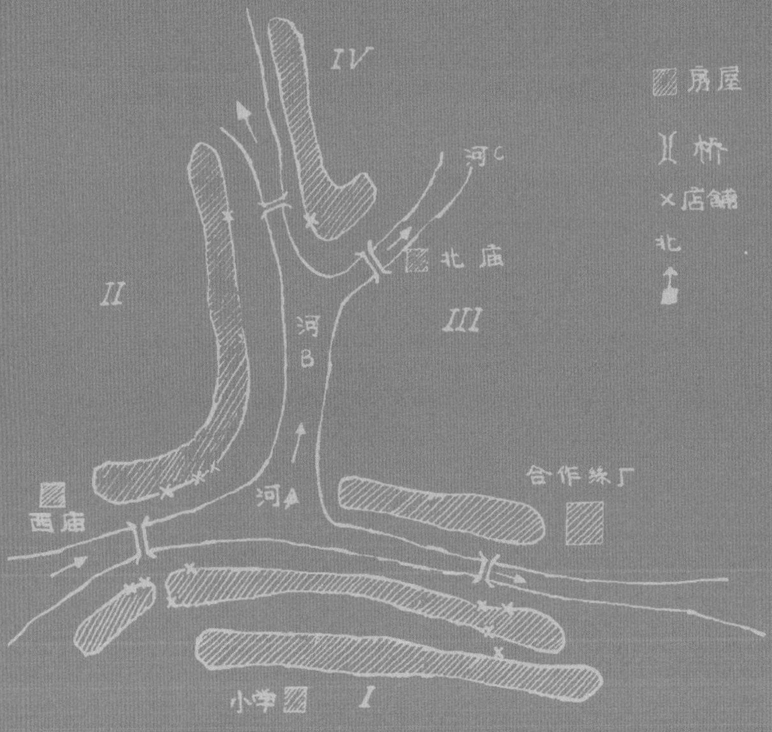

IV
房屋
桥
×店舖
北
河C
北庙
II
III
河
B
合作絲厂
西庙
河A
小学
I

总　序

李鸿谷

杂志的极限何在？

这不是有标准答案的问题，而是杂志需要不断拓展的边界。

中国媒体快速发展二十余年之后，网络尤其智能手机的出现与普及，使媒体有了新旧之别，也有了转型与融合。这个时候，传统媒体《三联生活周刊》需要检视自己的核心竞争力，同时还要研究它如何持续。

这本杂志的极限，其实也是“他”的日常，是记者完成了90%以上的内容生产。这有多不易，我们的同行，现在与未来，都可各自掂量。

这些创造力日益成熟，下一个有待突破的边界在哪里？

新的方向，在两个方面展开：

其一，作为杂志，能够对自己所处的时代提出什么样的真问题。

有文化属性与思想含量的杂志，重要的价值，是“他”的时代感与问题意识。在此导向之下，记者以他们各自寻找的答案，创造出一篇一篇文章，刊发于杂志。

其二，设立什么样的标准，来选择记者创造的内容。

杂志刊发，是一个结果，这个过程的指向，《三联生活周刊》期待那些被生产出来的内容，能够称为知识。以此而论，在杂志上发表不是终点，这些文章，能否发展成一本一本的书籍，才是检验。新的极限在此！挑战在此！

书籍才是杂志记者内容生产的归属，这源自《三联生活周刊》的一次自我发现。2005年，周刊的抗战胜利系列封面报道获得广泛关注，我们发现，《三联生活周刊》所擅不是速度，而是深度。这本杂志的基因是学术与出版，而非传媒。速度与深度，是两条不同的赛道，深度追求，最终必将导向知识的生产。当然，这不是一个自发的结果，而是意识与使命的自我建构，以及持之以恒的努力。

生产知识，对于一本有着学术基因，同时内容主要由自己的记者创造的杂志来说，似乎自然。我们需要的，是建立一套有效率的杂志内容选择、编辑的出版转换系统。但是，新媒体来临，杂志正在发生的蜕变与升级，能够持续，并匹配这个新时代吗？

我们的“中读”APP，选择在内容升级的轨道上，研发出第一款音频产品——“我们为什么爱宋朝”。这是一条由杂志封面故事、图书、音频节目，再结集成书、视频的系列产品链，也是一条艰难的创新道路，所幸，我们走通了。此后，我们的音频课，基本遵循音频-图书联合产品的生产之道。很显然，所谓新媒体，不会也不应当拒绝升级的内容。由此，杂志自身的发展与演化，自然而协调地延伸至新媒体产品生产。这一过程结出的果实，便是我们的“三联生活周刊”与“中读”文丛。

杂志还有中读的内容，变成了一本一本图书，它们是否就等同创造了知识？

这需要时间，以及更多的人来验证，答案在未来……

目 录

20世纪20年代，许仕廉、李景汉、杨开道、吴文藻等学者
陆续受聘于燕京大学

写在前面

什么是中国社会学？

周飞舟

北京大学社会学系系主任、教授

渠敬东

北京大学社会学系教授

在探索中国社会的复杂脉络时，我们常常需要一种全新的视角。社会学的魅力就在于，它所关注的不仅仅是当下的问题，更有着“通古今之变”的宏大视野。它能让我们在历史长河中找到过去与未来的连接点，从而搭建起一种全新的、深度的视角去观察中国。这是一场思想的旅程，也是一次对社会本质的深刻追问。

北京大学社会学系教授周飞舟和渠敬东，以对谈的形式，为我们开启一扇通往社会学世界的大门。他们不仅解答“什么是社会学”，更引导我们用社会学的眼光去理解中国问题。

1 什么是社会学？

社会学是一门总体的社会科学，是研究整体的处境，而非其中的某一项具体事物。历史观和整体观，是社会学这门学科的根本性质，也是经典社会学家们的抱负或初心。

渠敬东：今天我跟周飞舟老师一块儿谈一谈社会学的由来、发展，还有中国社会学的建设。我们先谈谈什么是社会学。

我觉得在所有的基础学科里，社会学恐怕是产生最晚的。相比于政治学、哲学、历史学那些早在希腊时代诞生的学问，社会学太年轻了，算起来都不到200年的历史。为什么会这样？因为社会学之所以能够产生，是由于整个人类历史进入了一个新的时代。

社会学究竟产生于怎样的时代？答案是：世界历史的时代。

原来居于全球各地不同文明的人，都以一种特别的方式联系在一起，无论是新大陆的发现、交通的普及、商业的展开、商品世界的形成、资本的兴起，还是今天高度发达的信息传媒，都意味着在科学技术和整个的商业资本的推动下，全世界紧密连成一体——世界历史产生了。

在这种世界历史的刺激下，不同文明背景的人群或者国家都没法自主地生存。我们没法按照原来的生活方式、秉承的价值观念、一直以来追寻的理想、传统的历史轨迹来生活，所有人都遇到挑战，这是一个麻烦。

另一个麻烦在于，我们进入现代世界的时候，乡村慢慢消失，贫富差距加大。中产阶级开始变成一个大的群体，它的出现使得世界上不同文化的差距在表面上变得小多了，这些我们今天都能体会得到。

就像《共产党宣言》里说的："资产阶级在它的不到一百年的阶级统治中所创造的生产力，比过去一切世代创造的全部生产力还要多，还要大。"而这些生产力所创造的财富，被集中在很少的人手里。民族、

1929年大萧条，华尔街崩溃之日的景象

宗教、人群、国家，包括人的身份地位，所有这些因素都交织在一起，我们的世界时刻面临着战争的威胁，而且事实确实如此。

以往的那些学问都不足以对所有这些时代变化给予完整的解释，这提示我们需要有一个新学科来解释这个新时代，社会学就是这样出现的。

后面的故事我们耳熟能详，很多社会学先驱一边解释这个新世界，一边为社会学筑牢了根基。首先出场的是卡尔·马克思，他清楚地告诉我们，我们全面进入了一个资本主义的时代、商品生产的时代，这里有繁荣，也有剥夺，有文明的灿烂，也有文明的危机。随后是涂尔干，他观察到，在这个新时代里，社会变动极其迅速，我们原来可以依托信赖

卡尔·马克思

Karl Marx，1818—1883

德国思想家、社会学家，社会学的奠基人之一，与涂尔干、韦伯并称“社会学三大家”。他与恩格斯共同起草了著名的《共产党宣言》。马克思提出了人是一切社会关系的总和这一著名论断。他所构筑的庞大的思想体系为社会学的发展提供了坚实基础。著有《关于费尔巴哈的提纲》《德意志意识形态》《资本论》等。

涂尔干

Émile Durkheim，1858—1917

法国社会学家、人类学家，法国首位社会学教授，社会学的奠基人之一。1898年创办《社会学年鉴》；围绕这一刊物，形成了法国社会学年鉴派，该学派对西方的社会学、人类学和民族学产生了深远影响，代表人物有马塞尔·莫斯、亨利·于贝尔等。著有《社会分工论》《自杀论》《宗教生活的基本形式》等。

马克斯·韦伯

Max Weber，1864—1920

德国社会学家、历史学家，社会学的奠基人之一。他搭建了社会科学的哲学基础，创立了一套社会学的概念框架。其作品复杂且宏大，为当代社会学提供了丰富的滋养。韦伯洞穿现代的理性本质，认为人应当忠于自己，本着对后果负责的态度果敢行动。著有《新教伦理与资本主义精神》《儒教与道教》《经济与社会》等。

的规则规范，慢慢地松弛、消解了，每个人都进入一个失范的状态，不知所措。马克斯·韦伯讲得也很清楚，整个历史进入一个所谓新教创建的资本主义的世界里。每个人都被迫思考自己的文明构造和资本主义的关系，这同样也是韦伯一生的论题所在。他研究了各种各样的文明，主要的目的还是想用理性化的方式，去面对资本主义的世界。还有齐美尔，大家对他的理论体会就更深了。他假设每个人被抛到一个现代世界的街头，从零开始组建人与人之间的关系，组建自己的历史回忆，学着怎样在熙熙攘攘的人群里唤起自己的生命意识、价值观念。

这些学者所要解决的都是现代社会面临的前所未有的问题，他们为社会学奠定了非常重要的基石。

很多人认为社会学只是研究当前的事情，这是不对的。社会学家确实研究当前的事，但若不知道传统，不知道古今的关系，也没法研究当前的事。换句话说，

社会学家思考的是当下正在发生的事情和几百年或几千年来不同人类历史文明之间的关联。

这是社会学的一个特点。所以我认为，每一位堪为典范的社会学家都是文明研究的大人物、大学者。

格奥尔格·齐美尔

Georg Simmel，1858—1918

德国社会学家、哲学家。区别于其他经典社会学家，他的研究风格具有碎片性。他对微观秩序的刻画极为丰富，探索范围广阔而多样。他认为，任何一个研究的片段都可能引向对整体的把握。经由芝加哥学派的引介，齐美尔对美国社会学产生了很大影响。著有《历史哲学问题》《货币哲学》《社会学的基本问题：个人与社会》等。

2 舶来的“年轻学科”如何适应中国的土壤？

社会学家不是在一个非常平静的社会里，坐在书斋里专门研究某一个事物，这门学科产生的历史背景和其他学科并不一样。

周飞舟：刚才渠老师谈了社会学学科的来历，总的来说，它是一个随着西方的工业革命、资本主义兴起而产生的学科。工业革命以来，人们的生活状态和所处的生活社会发生了特别大的变动。新大陆被发现，不同的文明开始交汇在一起，同一个社会里面，社会也开始急剧分化成不同的群体，这种分化是一种全新的、动态的分化，在此之前虽然也有贵族、平民，甚至奴隶这类阶层，但那个社会是相对静止的。

工业革命之后，新的不同的人群产生，这些不同人群产生不同的交汇并互相作用，社会剧烈变动。正如渠老师刚才提到的齐美尔，描述的就是从过去稳定的状态被抛入飞速变化的社会里的人，他一定会困惑怎么会成这样、未来会是怎样。社会学从其产生的背景来说，天然就具有一种历史观。

工业革命深刻改变了世界进程

另外，社会学是在工业革命的背景下产生的，它还带有一种整体观。就像本来是平静的一摊水，现在搅浑了，我们就有一种想要把它的整体性搞清楚的愿望。所以社会学是一门总体的社会科学，是研究整体的处境，而非其中的某一项具体事物。

历史观和整体观，是社会学这门学科的根本性质，也是经典社会学家们的抱负或初心。

渠敬东：社会学不只是研究怎么把企业管理好、怎么赚钱，或者怎么能够让法律使我们的社会行为更公平，不止这些。

周飞舟：社会学是要搞清楚“我”是谁，“我”在一个什么处境当中，“我”应该怎么办。要回答“我”是谁，“我”应该怎么办，首先要清楚，“我”在一个什么处境当中，这也是社会学产生时的雄心和抱负。

社会学最早来到中国，是在19世纪末20世纪初。大家也都知道，那个时候中国正处在一个非常混乱的时代，处境糟糕、价值迷失。从宏观社会背景上看，当时的中国社会和当年产生社会学的西方社会是有相似之处的。我们不是在一个非常平静的社会里，坐在书斋里专门研究某一个事物，这门学科产生的历史背景和其他学科并不一样。

1903年，严复翻译了英国社会学家赫伯特·斯宾塞的《社会学研究》(*The Study of Sociology*)，这成为中国社会学开始的标志。当时没有社会学这个词，他把sociology翻译成“群学”，这本书也定名为“群学肄言”。《群学肄言》流传很广，所以社会学在中国最早是以群学为人所知的，后来翻译成社会学是借用了日本人对sociology的翻译。

社会学的前辈学人 潘光旦 认为，

社会学其实是研究“群”和“伦”的学问。

所以前人把社会学翻译成群学或伦学。“伦”就是我们说的人伦，即人与人之间的整体关系。“群”这个字强调的是很多人在一起，“伦”这个字指的是很多在一起的人里面有不同的关系、层次和结构。二者有的时候也在一起用，比如“领袖群伦”。“群”和“伦”的含义，与刚才我们讲的社会学的抱负或初心其实是更为接近的。

在中国当时的状况下，最早接受社会学的知识分子，其实很多都是留学生，严复先生就是第一批留学归来的人。他们在外面学了社会学，回来后在大学或机构里教书，或者是从政成为政治家，当时他们觉得社会学是用来认识甚至改造中国社会的一门好学问。

1916年，北京大学开设了第一门社会学课。那时候严复做北大校长，开课的老师是他的学生康宝忠。这是中国最早的社会学课程。中国第一代社会学家们的想法和抱负是相似的：要改造中国社会，先要了解中国社会，要用社会学的方法来了解中国社会。比如说严复在《群学肄言》开篇的序言中阐述，群学就是

“用科学之律令，察民群之变端。以明既往，测方来也”。

“明既往，测方来”就是我们说要清楚以前是怎么回事，现在是怎么来的，将来会怎么样，这是社会学的历史感。我们怎么才能做到这一点？

赫伯特·斯宾塞
Herbert Spencer，1820—1903

英国哲学家、社会学家、教育理论家，实证主义的主要代表。他在达尔文之前就提出了“适者生存”概念，是社会进化论和社会有机体论的先驱。他的思想是20世纪以来西方哲学和社会学的重要思想来源，对中国近代思想家也曾起过启蒙作用。著有《社会静力学》《社会学研究》等。

潘光旦
1899—1967

江苏省宝山县（今上海市宝山区）人，中国社会学家、优生学家。1913—1922年在北京清华留美预备班学习。1922—1926年留学美国，攻读生物学，侧重优生学、遗传学方向。在哥伦比亚大学就读期间与吴文藻是舍友，两人经常交流切磋。学成归国后先后在上海、长沙、昆明、北京等地多所大学任教。他学问广博。在优生学、家谱学、社会思想史、民族历史、性心理学等众多领域都造诣颇深。区别于同时代的燕京学派“西体中用”的做法，潘光旦是以中国传统儒家思想去理解和阐释西方社会学的。他反对斯宾塞的“社会达尔文主义”，主张用“演化”代替“进化”，提出“位育”理论。著有《中国之家庭问题》《明清两代嘉兴的望族》《中国伶人血缘之研究》等。

严复与《群学肄言》书影

严复

1854—1921

福建侯官（今福州）人。福州船政学堂第一届毕业生，留学英国格林尼治皇家海军大学。回国后先后任北洋水师学堂教习、总办。戊戌变法前后，他以古文辞翻译了赫胥黎的《天演论》、亚当·斯密的《原富》、斯宾塞的《群学肄言》等西方哲学社会科学名著，及时并有重点地介绍和传播了西方文化，被公认为中国近代杰出的翻译家和启蒙思想家。

陶孟和

1887—1960

中国社会学家，被誉为中国教育社会学之父。天津人，祖籍浙江绍兴。早年先后留学于日本东京高等师范学校、英国伦敦大学，并于1913年获伦敦大学经济学博士学位。1920年，陶孟和开始在北京大学讲授教育社会学课程。1922年，他于商务印书馆出版了《社会与教育》一书，标志着中国教育社会学的诞生。陶孟和主张，教育社会学的学科使命就是要改良教育，并通过改革教育最终达到改良社会之目的。因此，他特别强调培养人的社会责任感。在陶孟和看来，受过教育的人，应该觉悟到他与社会的关系以及改良社会的责任。

这就要“用科学之律令，察民群之变端”。用科学的方法来调查研究我们身处的社会，就叫“察民群”。

调查在古代中国社会中也曾经有过，但都没有用科学的方法。比如说，从周代以来我国就有“采风”的传统。明末大儒顾炎武写《天下郡国利病书》时，曾坐驴车，一个个地方跑。到了民国时期，在社会学方法的指导下，出现了“社会调查运动”。第一批留学回国的人中，有一位叫陶孟和的，是北京大学社会学的先驱学者，他首次在北平主持了关于北平的特定群体的社会调查，比如说北平生活费水平等，他详细考察了居民的职业、薪资和生活水平，甚至具体到家庭收支状况。不过当时的社会调查主要集中在城市，后来也有农村的社会调查。20世纪二三十年代，燕京大学的前辈学人李景汉在定县做调查，写出《定县社会概况调查》，这是中国知识分子运用西方社会学的方法进行农村实地调查的典范之一，对后来社会学的发展造成了深远的影响。

当时的社会调查运动，使用的是西方社会学的调查方法，例如专门针对一个职业，针对一个问题，针对一个人群，去挨户走访，然后进行统计，得出结论。

社会调查运动有很强的改造社会、了解社会的目的。

它最早在西方产生时，也是为了解决一些社会问题，所以很容易被中国知识分子接受，毕竟中国的传统知识分子有着强烈的“经世济民，学以致用”的特性。比如说我想改善人力车夫的状况，得先了解他们的基本情况，然后才能对政策施加影响。这是当时的社会调查运动的背景，它以社会学为核心。

1922年，燕京大学社会学系成立。1933年，吴文藻先生当了燕京大学的社会学系系主任，开始改良社会调查方法。他第一个提出“社会学中国化”的命题，总结出了社区研究法，并创立研究学派。

3 "群"与"伦"为何是中国社会学的初心？

中国社会学有着两个重要特点：一个是从实求知，另一个则更为宏大，就是努力构建中国未来文明系统。

渠敬东：周老师刚才说，清末中国的处境和西方产生社会学的19世纪很像。如果不了解西方的历史，我们总认为19世纪的西方文明，不正处在烈火烹油、"兴高采烈"的时候吗？其实根本不是如此，19世纪从中叶一直到末叶，是西方文明出了大问题的时候，不然的话，怎么一到20世纪初就有两次大战？

清末的中国出了什么问题呢？简单来说，传统中华文明的基础是家国忠孝，在知识分子集团里，有官僚制、科举制等制度来做保证。19世纪末20世纪初，中国所有这方面的基础都垮掉了：第一，王朝的皇帝制度守不住了；第二，科举在1905年被废除；第三，家族制度崩坏，逃离家庭就成了那个时代一道特别的浪潮，民国初期的知识分子大都有逃离家庭的经历。

这就是当时中国的情况，再加上西学东渐，帝国主义的挤压强迫中国进入所谓的世界体系里去。

我觉得群学的兴起，如果真的向前追溯，可以落到康有为、梁启超、严复、章太炎等这些人身上。

比如康有为曾提出"合群立会"，他纵观西方整个现代化的过程，不断反思我们自己的问题，认为中国人在政治上没有党派、没有议会，在经济上没有公司，所以要"合群立会"。

章太炎最早用"社会学"这一名词来指代这个学科，借用了日本人岸本能武太的说法。他说只有两个学科是统合性的：一个是研究一般学问规则的哲学，一个是研究所有具体现象的社会学。他讲得很清楚，社会学下面应有历史、理财（今天的经济学）、刑名（今天的法学）之类的科目。这是当时的人真实的想法，在他们那里，群学是一个非常广义和总体层面的概念。

从学术的角度来讲，中国现代社会学的起步就是从“群学”开始的，只是大家的理解不一样。比如康有为会觉得西方的“群”的真正含义是教会，所以中国若不经历所谓的宗教时代，就不能进入《公羊传》所说的“升平世”。他根据“春秋大义”，要建立孔教，当然最后没建成。而严复则认为应该建立学校，学校就是最大的群。

到了燕京大学社会学系成立的时候，社会层面出现了两个变化。第一个变化是实证调查的展开。传统学术最大的问题是对历史、经书、现实的理解都不用科学的方法，历史研究直到王国维才提出“二重证据”这种科学方法。引进的西方社会学带来了实证调查的方法。那个时候铺天盖地的都是调查运动，涉及各个领域，中国人迫切希望知道这个世界究竟是怎么样，社会的实际情况是怎么样。但是西方的社会调查方法如何和中国传统学术沟通，如何和我们深厚的文明对话，没人能够回答。

第二个变化是，中国在迈入现代化的时候，开始普遍建立现代意义上的群体。困难的地方在于，现代社会的体系跟中国传统的社会结构是不匹配的，甚至互相冲突，在各个方面都会面临很多挑战。我们如何从中国的自己文化传统里的“伦”而开出现代性的“群体”，这也是一个问题。

融入现代的世界历史，这是我们逃不掉的命运。

燕京大学社会学系最了不起的地方，就是直面这些变化，并试图解决上面的问题。

系主任吴文藻和他的学生、同事合力构建起了中国社会学，搭建起沟通古今、连接传统和现代的桥梁，被后世称为“燕京学派”。

潘光旦（中）在湖北、四川等地进行社会调查（《1956，潘光旦调查行脚》）

我觉得，当代的社会学，或者是现代意义上的社会学，说大一点，它的作用就是司马迁要做的事——

“通古今之变”，

即找到过去和未来之间的连接点。中国社会学有着两个重要特点：一个是从实求知，另一个则更为宏大，就是努力构建中国未来文明系统。吴文藻和他所在的燕京学派所从事的工作，都能体现这个特点。

周飞舟：1933年，吴文藻担任燕京大学社会学系系主任，他的学生里面当时在读且相对年轻的有费孝通、林耀华、瞿同祖，他们是同龄的同学，此外还有李安宅。

当时燕京学派的想法是在社会调查的基础上更进一步，即如何将社会学的抱负（“通古今之变”），具体落到对社会的认识上，这就涉及方法论问题。

其实当时第一波社会调查运动，对了解中国社会已经做出了很大的贡献，但是吴文藻他们认为还可以再往前往深走一点。了解一般个人一个月挣多少钱、一个月花多少钱、生活状况如何，这些还不够，社会学家还得了解为什么会这样，都和哪些因素有关。

正如此前所说，社会学学科有历史感和整体观，从方法论上讲，它和其他社会学科是有一些根本性的差异的。比如说，社会学专业的学生很害怕别人问社会学是研究什么的，因为社会学不像经济学、政治学那样有一个固定的研究对象，“社会”这个词在汉语里就是一个总体性的含义，并不偏重于某一社会现象。在具体观察某一个社会现象时，社会学也有自己独特的方法，这个方法可以称为整体方法。比方说我们研究一个具体的买卖交易行为，经济学会研究这个物品是什么，谈判的过程怎么进行，最后以什么价格成交，达成什么样的交易。社会学则不会认为是两个抽象的经济交易主体在达成某项交易，它认为是一个具体的人在跟另一个人做交易。这两个人是否认识，卖方为什么要卖这个东西，经济学不会讨论这些问题，这不在它的研究范围内。

我举这个例子，主要是要为了说明吴文藻、费孝通、林耀华、瞿同祖、李安宅这些学者的问题意识和研究脉络。

4 社会学与其他学科有怎样的思维视角差异？

中国并不是由一个个信奉新教的个体组成的文明世界。社会学家们看到，中国人很少从个体出发来和社会打交道，而会连带上自己的亲属、朋友关系。

周飞舟：吴文藻虽然谈社会学中国化，但他非常注重引进西方社会学理论。在担任社会学系系主任期间，他请来美国芝加哥学派的罗伯特·帕克、英国文化人类学家拉德克利夫-布朗等当时世界上的一流学者来燕京大学讲学，这些学者对费孝通等人影响非常大。比如帕克不只来讲学，还带着学生们在北平城里做调查，费孝通晚年写的回忆录中有很多相关的内容。

在引进西方的理论和方法的基础上，吴文藻形成了自己的社区研究法。之所以叫社区研究，就是为了与当时的社会调查相区别，社区研究倡导以社区为单位开展研究。“社区”（community）这个词也是当时的燕京学派翻译的。

罗伯特·帕克（旧译“派克”）
Robert Ezra Park，1864—1944

美国社会学家，芝加哥学派的领袖人物，被认为是对美国社会学影响最深远的人物之一。先后师从杜威、齐美尔等人。身处美国城市发展较快的时代，他尤为关注流动性问题，族群和城市是他研究的两大议题。他将城市视作可用以研究人性和社会过程的实验室，提倡“人文生态学”（旧称“人文区位学”）的研究方法。著有《城市》《社会学导论》等。

拉德克利夫-布朗
Alfred Reginald Radcliffe-Brown，1881—1955

英国人类学家，功能学派的代表人物和创始人之一。在学术思想上，深受法国社会学家涂尔干功能思想的影响，把社会（文化）看成是由各个部分在功能上整合的系统。其结构-功能理论重在分析社会结构的各个部分，以及这些部分在维持社会平衡和社会秩序方面的功能。与功能学派另一代表人物马林诺夫斯基不同的是，他认为文化是在社会层次上而不是在个人需求层次上发挥功能的。著有《安达曼岛人》等。

费孝通还专门就community这个词应该怎么翻译这一问题写过一篇文章：《二十年来之中国社区研究》(《社会研究》,1948年10月16日，第77期)。

当时谈到社区研究法，核心的问题就是要有一个明确的地理的研究边界。

吴文藻认为，在中国最好的社区研究单位就是村庄，

这个村庄里面的人都彼此认识，村庄还有清晰的边界。限定边界的目的，是要把这个村庄作为一个相对独立的整体来研究，它的内部包括物质生活、制度生活、组织生活、文化（精神）等，有很多很立体的层次，人们互相之间有各种各样的关系和来往。

渠敬东：中国的社会学和人类学天然是一体的，就是从这个意义上来说的。

周飞舟：从今天的视角来看，当时的社区研究更接近人类学研究，但实际上它是社会学研究，中国社会学在刚开始出现的时候就是这样一个形态。

社区研究是整体的、历时性的，不论过去、现在和将来都如此。因为有了研究边界，就可以用类似于拍电影的方式来研究社区。吴文藻曾打比方说，当时的社会调查一般就是照个相，而他的社区研究是拍活动电影。

燕京学派的学人，此后主要的研究都是在社区研究的方向上向前推进。比如林耀华，他最初写《金翼》，后来又做凉山的研究（《凉山彝家》)，都是采用社区研究法，而且越来越深入。费孝通也是如此，他将社区研究法总结为“从实求知”，他曾明言，自己一生的三部社区研究作品——《花篮瑶社会组织》《江村经济》《禄村农田》，显示了自己不断学习社区研究法的过程。在这样的一个社区里面，他看到任何一朵花、一片叶子，都知道它长在哪根树枝、树干上，是怎么开出来，是如何受到根、干、水、土、阳光、风的影响的。这显示出费孝通对社区的深入了解。

费孝通的“从实求知”，其实来源于吴文藻的“从实地研究始，从实地研究终”。

这个话说得相对极端，因为他要树立起社区研究与当时的社会调查方法的不同之处，避免用理论来切割和裁剪社会事实。以社会调查始，以社会调查终，这和我们今天了解的“科学环”方法论不一样。科学环是以理论假设始，以检验理论假设终。

渠敬东：当下社会科学人多采用科学环的研究方法，具体是先提一个假设，然后收集很多材料（包括数据或访谈材料、实地材料等）去验证这个假设，这是标准的美国行为科学研究方法。

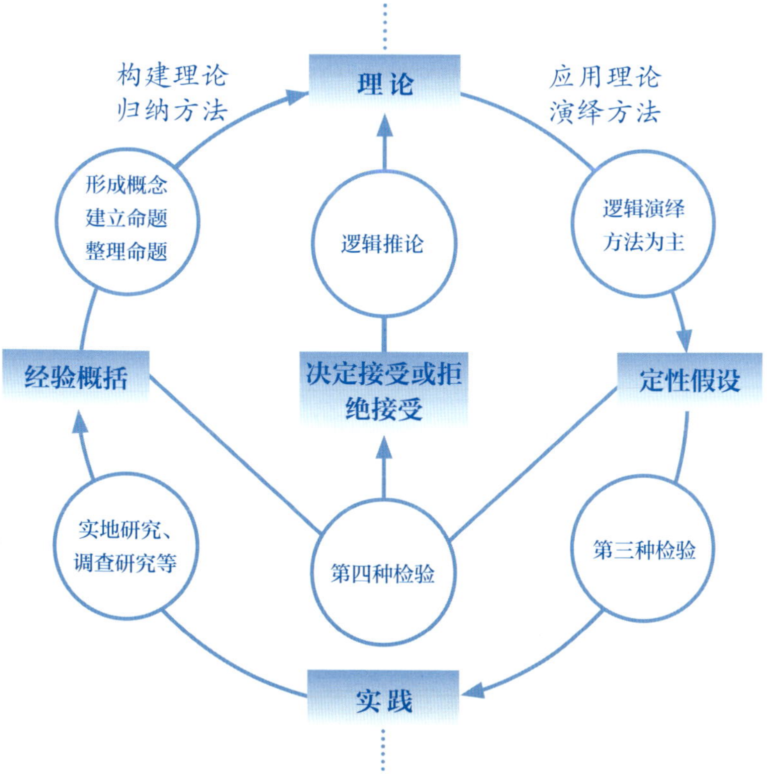

科学环（Science Ring）

但正如周老师所说，燕京学派的研究传统（也是现在北大社会学继承的传统）和它并不相同。比如说研究一个村庄，我们以费孝通比较早的代表性研究《江村经济》为例，他要把（村庄的）上下、左右、前后所有信息都了解透彻，包括这个村庄的历史、人口、地理、家庭组织（包括家里有多少人）、经济结构、生活方式、仪式活动等，甚至细到这个村庄的河流、航线，他也要讲清楚。再比如研究一个人，我们就要考察这个人的生命史（life history），包括他的出身（甚至还需要上溯到家族史）、朋友圈、交往圈、学习和认识等，这就是社会学的特点。社会学作为一个总体性的学问，不只关心大社会，在具体研究中也会贯彻总体性考察。

刚才周老师提到了交易行为。比如研究买房，经济学家肯定会统计交易总量、房产的一般价格，然后去做交易成本分析。但社会学家关心的是：这个人去买房，他给谁买？他的钱从哪里来？因为个体买房的钱可能来自他祖父母辈以及夫妻双方的父母，三代人的积蓄全用在了这个人的买房行为上……这样一来，从社会学角度看到的经济行为，其实质就完全不同。它不是一个简单的交易，而是一个社会结构的运转。

周飞舟：

社会学的信念是，一个具体的社会事实也具有整体性。

任何理论都会有一个视角，所以任何理论都是片面的，如果一个理论不片面就不会有穿透性。一个理论可以帮助我们进入社会事实，但是你不能只去看那些理论让你看到的东西。

从实求知，和完全从理论假设出发、以检验理论假设结束的思路，虽然没有对错之分，但后者的片面性在于研究者只会去收集这个理论让你收集的材料，然后再拿来这些材料来检验这个理论，费孝通先生认为这不是社会事实。

我们之后在讲费孝通的时候可以专门谈谈这个问题，他一生都在思考社区研究法讲究的从实求知与科学环方法论不太一样的地方。我觉得这对于我们今天讲社会学很有意义。

渠敬东：社区研究法其实是吴文藻从西方人类学的文化表格借鉴而来的。

周飞舟：是的。这个方法有很多人类学的理论背景。但如果仅仅是利用西方的理论研究中国的问题，还不能称之为社会学的中国化，毕竟中国学者肯定是在研究中国的现象。正因为燕京学派强调从实求知，才不会让西方理论完全主导中国研究，反而在研究中国现象的过程中将之变成了中国的东西。我认为这背后其实有当时学者们更深层的思考——中国的社会现实对社会学研究者来说意味着什么？

从实求知是民国时期以燕京学派为核心的社会研究者非常重要的一个方法论，他们把社会事实或者叫社会现实，摆在了一个更加重要的位置。

1982年，费孝通在江苏吴江县（今苏州市吴江区）进行社会调查（《新华日报》）

什么是社会事实？刚才渠老师说，中国人买房会举三亲六戚之力，孩子结婚买房是你借钱最重要的理由，这就是中国的社会事实。如果完全以某种西方的理论或方法作为主导的话，你不会认为这件事有价值，因为在别的社会中这不是一件重要的事。你明明可以去银行贷款，为什么要借钱？明明可以分期付，为什么非要一次付清？从实求知的方式会说，中国的社会事实就是这样，要尊重它，以它为主体来讨论这个问题。

渠敬东：我们在读了书之后，很容易站在自己的立场评判他人的某些行为，社会学家不会这样，反而会警惕和批评这种做法，因为很多事实的存在都是有意义的，它不仅表现出了过去的意义，甚至还具有未来的意义。

上文提到过，社会学家会把一个村庄的各个方面都调查清楚，但并非把它看作一个封闭的区域。费孝通的《江村经济》其实讲的是一个生态系统。城市和乡村之间有着不断的人口、资金等各方面联系，所以它是一个活体。我们不会把研究对象完全切分开来。

就像是刚才提到的买房行为，他的行为并不是一次性的，而是带着他背后的整个社会结构在进行交易。他的每一次变动、做决定时的每一次考量，都和他的全部亲属关系、朋友圈子有关。

所以，只用假设检验的方式来理解中国人的生活是不够的。

中国并不是由一个个信奉新教的个体组成的文明世界。社会学家们看到，中国人很少从个体出发来和社会打交道，而会连带上自己的亲属、朋友关系。

我们在很多学科研究中都看不到这一点。

到底是交易行为重要，还是背后的结构重要呢？社会学家一定会认为背后的结构更重要。这种思维方式普遍渗透在各种层面，比如可以用社会学的方法研究一个企业、一个人。这个人可以是一位企业家、政府官员，甚至是一个家庭的父母或子女。

周飞舟：是这样的。社会关系会实实在在地影响到一个人行为。我举一个例子，北大社会学系有几个学生做“挑战杯”论文，去一个地方访谈了一些民营企业家。他们发现，这些民营企业家有一些共同的行为方式，就是在50岁以后开始缩减贷款。如果问这些企业家个中原因，他们会说，人老了应该保守，不应该再使劲贷款了。问题是，在被问到企业发展远景的时候，他们往往仍然有一个很宏大的远景，却在贷款这件事上有了行为上的转变。应该怎么理解这个行为的转变？

这个研究给出了一个很明确的结论，不说出来大家想不到，一说出来大家就会很认同。其实这些企业家的想法都是一样的：企业要传给我的孩子，我现在借的每一分钱都要父债子还，所以我一定要把一个运营状况良好、负债较小的企业交给我的孩子，这就是我的人生事业。

这就是刚才渠老师说的，中国社会不是个体本位的社会，一个人主要考虑的事情反而不是自己。

渠敬东：如果是经济学、管理学来研究这个问题，这个现象可能会被当成误差筛掉了。他们认为企业在任何时候的贷款行为或者人的心理都应该是一样的，毕竟企业有其内在的规律。

然而，一个人进入人生的不同阶段，他考虑问题的方式也会不一样，正如孔子所说“三十而立，四十而不惑，五十而知天命”。这虽然是一般的道理，但确实符合社会具体层面真正发生的现实。人不是机器，一位企业家、政府官员，他们人生的阶段性，很大程度上会影响一个企业、政治单位在一段时间内的政策节奏。社会学恰恰能进入人的世界里去，研究这些其他学科关注不到的极为重要的因素，这就是社会学的特点。

5 “中国社会学之木”如何接受国际的“雨露”？

我们需要继承的不仅是中国前辈学人的传统，也应该包括马克思、涂尔干、韦伯等人的传统。

周飞舟：1952年，全国进行了院系调整，燕京大学被并入了北京大学（但从校址来看，其实是北京大学从沙滩红楼搬到了现在的燕园），社会学这个学科也被取消了。吴文藻、费孝通、潘光旦等社会学家被分派到了各个学校的不同学科里面去，主要是民族、劳动、人口、政法等学科。1982年，北大社会学系恢复重建，这主要得益于费孝通、雷洁琼和袁方三位先生的努力。

社会学系重建过程很艰难，因为从1952年到1982年有30年的断档，这30年间，燕京学派和其他的社会学家也不再研究、学习社会学。恢复重建的时候，老先生要把原来的东西捡起来，教给一群年龄特别小的学生，基本上是70岁的老师带20岁的学生。

当时有个说法“老的老，小的小”，说的就是社会学系重建和招生的窘况。

北大社会学系从1983年开始招收第一届本科生。我是1986年入学的，是第四届本科生，入学的时候系里还没有本科生毕业。

由于过去几十年学术传统的中断，当社会学系重建之初再接续起这种传统的时候，就有了一种特别浓厚的重视社会调查和社区研究的学术氛围，老先生们称之为田野调查，这也构成了整个社会学系的一个主线。一直到今天，北大做田野调查的老师也是最多的。

与此同时，北大社会学学科在重建的过程中，也适时地引入和吸收当时世界上先进的理论和方法。在改革开放初期，尤其是在80年代末、

90年代初，大量哲学、社会科学著作被翻译了过来，融合进中国社会学的传统之中。比如对西方的大规模抽样调查方法的引进，补充了田野调查的传统。到现在，北大社会学系已经拥有了一个积累了大量材料、声誉非常好的CFPS（中国家庭追踪调查）数据库。

我觉得，燕京学派的传统，一方面是讲社会学中国化，讲从实求知；另一方面，就像吴文藻不断地请国外学者来讲学一样，它也会源源不断地把西方的理论成果拿进来，放到研究中国社会现实的过程中，就像一个熔炉。所以讲社会学中国化不是为了讲中西不同，不是封闭起来单纯讲中国的东西，而是要不断地引入和融合国外先进的理论和方法。

渠敬东：如果提到与国际学术界之间的关系，我们也是有传统的。吴文藻时代的社会学系，在讨论到民族等问题时，与傅斯年的史语所也密切相关。在西南联大时期，从事人类学和社会学研究的很多人都是史语所的得力干将，有着深厚的德国现代学术根基。此外，留英的学者，前有陶孟和，后有费孝通等，长期浸润英美的学术传统。能熟练运用社会学方法的原燕大民族学家杨堃、北大考古学家徐旭生，则都属于典型的涂尔干学派。刚才周老师提到对田野调查的重视，在这一点上，我们跟法国人最能聊得来。法国自20世纪以来的学术径路是向着微观和长时段的方向发展的，法国的历史学、社会学都有这样的特点。

我一直认为，任何学问都是要开放的，社会学也不例外。西方的很多工具、方法、概念对我们发现中国社会的实际现象非常有帮助，因为有时候用自己生活里的话语并不能把自己的事讲明白，但我们不能也不会成为简单的模板或者仿制品。我们不会只盯着美国的学术范式，而是会一直从全世界不同的学科传统、学术传统中汲取营养。

在从田野上升到历史理论这个方面，我们学术未来的希望不会比美国差，因为真正的原创力就是在这些方面上的。

渠敬东：我补充一下，我们早一辈的社会学家有很多都是留美的。

但是正如吴文藻提出“社会学中国化”的用意一样，他们头脑很清楚，一直思考自己在美国应该学习什么，回来能够建设什么。

有一位标准的留美学者叫杨开道，他于1924—1927年在美国学习农村社会学，其实就是美国的“三农”（农村、农业、农民）建设。他回国之后，于1930年在清河做了一个大型实验区。他综合使用了社会调查和社会实验的方法，甚至还研究了中国古代社会传统的社会构造，写出《中国乡约制度》一书。像杨开道这类留学归来的学者也是从实求知、脚踏实地地展开社会调查。他有大理想，还能回到中国古代历史中来理解他所做的科学研究和社会实践，这就和美国的研究方法很不一样。在借鉴美国的理论和方法时，我们不应该仅仅模仿形式，而应该从实质问题出发，这一点非常重要。

一直到现在，北大社会学系留美的学生也有很多，等他们学成归来，怎样理解自己脚下的土地？在这片土地上发生的事情，并不只与这块土地有关，它和古今之间都是有关系的。所以，建立一个开放的、面向世界的解释系统是很重要的。

周飞舟：从燕大到北大，从社区研究到田野调查，似乎学校不一样，研究方法的名字也不一样，但其实老先生们相传的从实求知的诀窍都是一样的。这个秘诀的好处在于：一方面，它能够让你开放地接受国外的理论，而又不会被后者牵着走、完全按照后者的来；另一方面，它能让你把根扎在自己的地方，又不会让你封闭。

杨开道

1899—1981

湖南新化人，中国社会学家。杨开道长期致力于农村社会学的教学和研究。他强调理论研究和实地调查相结合，主张用科学的方法去研究中国的农村，使专家服务于农民，农民依靠专家，达到改良农村组织、提高农民生活水平的目的。著有《农村社会学》《中国乡约制度》等。

如果把中国的社会学比作一棵树，它在温室中肯定怎么也长不大。如果把它暴露在“欧风美雨”中，它能否活下来、会不会变成一棵“欧风美雨”的树，取决于它的根是不是扎在自己的土地上。

根扎得越深，它能接受的阳光雨露就越多，也就是说，它能够接受的外界事物就越多。我认为，我们现在讲社会学100年的历程、40年的传统，其实就是在讲这样一棵树的成长。这个过程其实并不容易。

渠敬东：我们需要继承的不仅是中国前辈学人的传统，也应该包括马克思、涂尔干、韦伯等人的传统。历史总是此起彼伏的，学问也跟着历史此起彼伏。以西方为例，“二战”前后涌现了很多思想家，但这么多年过去了，西方的社会学已经疲态尽显。

美国学术在1929年经济危机前后有一个大的转型。这一时期产生了

1933年7月，第一次“乡村工作讨论会”在山东邹平召开。图为该会发起者和组织者，后排右二为杨开道

芝加哥学派。他们做社区研究的时候，真的认为美国的新社区是美国伦理世界的载体和基础，而不仅仅是我们今天意义上的社区共同体而已，他们是有这样大的关怀的。在蒋梦麟、胡适特别是蔡元培任校长时期的老北大，邀请美国的杜威、帕克、拉德克利夫-布朗来讲学，都是当时的大事件。帕克作为美国芝加哥学派的代表，提出的都是美国文明最本质的问题。

正因为美国出现了这些大人物，当时的美国社会学研究对中国的影响非常大。但是，现在美国相关的学术界的发展情况如何，它目前是不是处在一个能够提出大问题、方法和思想的学术高峰，这就不好说了。

总之，我们作为学者，一方面要从实求知。“从实”这个词其实有很多意思，本来的理论方法是“实”，具体的经验现实也是“实”，历史的真正发生的、实在的东西也是“实”。同时，学者还要有眼界，要在一个大的——无论是自己还是别人的——历史脉络变动中判断出它的位置，你才知道自己在哪里、面临什么问题。

周飞舟与渠敬东的延伸书单

◎ 梁漱溟:《人心与人生》，上海人民出版社，2018年。

◎ 梁漱溟:《中国文化要义》，上海人民出版社，2018年。

◎ 潘光旦:《潘光旦社会学文集》，周飞舟编，商务印书馆，2019年。

◎ 钱穆:《现代中国学术论衡》，生活·读书·新知三联书店，2016年。

◎ 钱穆:《中华文化十二讲》，九州出版社，2012年。

中国百年社会学*

1903
严复 在上海文明编译局出版《群学肄言》。

1916
北京大学首设社会学班，康宝忠 受邀讲授社会学。

1922
燕京大学社会学系成立，步济时 为首任系主任。

1926
吴文藻 在《留美学生季报》发表《民族与国家》。

1928
杨开道 在美国洛克菲勒基金会资助下主持清河调查。李景汉 任中华平民教育促进会定县实验区调查部主任，后以定县的调查为基础写作了《定县社会概况调查》。

1929
潘光旦 在新月书店出版《中国之家庭问题》。吴文藻 从哥伦比亚大学毕业，加入燕京大学社会学系。

1933
吴文藻 出任燕京大学社会学系系主任。

1936
费孝通 在大瑶山考察重伤和痛失爱妻后，回苏南老家养伤，期间做了后来《江村经济》的田野调查。

1937
经吴文藻推荐，林耀华 赴哈佛大学攻读人类学博士学位。

1938
费孝通 从英国学成归国，加入吴文藻主持的云南大学社会学系。李安宅、于式玉夫妇 离开北平，先后赴甘肃省夏河县的拉卜楞寺考察。

1939
吴文藻 在昆明建立"燕京大学-云南大学社会学实地调查工作站"，次年，该调查工作站迁至呈贡的魁星阁，简称"魁阁"。费孝通 的博士论文改名为 *Peasant Life in China*（《江村经济：中国农民的生活》）在英国出版。

1900 1910 1920 1930 1940 …

* 参考北京大学社会学系官网"系史编年"。

1940
吴文藻 在《社会学丛刊》的《总序》中，总结了燕京学派的学术思路，明确提出了“社会学之中国化”的主张。同年，他离开云南前往重庆，由费孝通接手主持“魁阁”工作。

1941
李安宅 完成了历时三年的拉卜楞寺田野工作，赴四川任华西协和大学社会学系系主任。

1943
潘光旦 继任西南联合大学社会学系系主任。林耀华 代理燕京大学社会学系系主任，赴凉山彝区考察，后出版《凉山夷家》。

1944
李安宅 在中华书局出版《边疆社会工作》。林耀华 于美国出版《金翼：一个中国家族的史记》，该书修订版后于1948年以“金翼：中国家族制度的社会学研究”为名在英国出版。

1947
瞿同祖 在商务印书馆出版《中国法律与中国社会》。

1948
许烺光 在美国出版《祖荫下》。费孝通 的《乡土中国》《乡土重建》以及他与 吴晗 论中国传统社会的文集《皇权与绅权》相继由上海观察社出版。在《皇权与绅权》中，费孝通 提出了著名的“双轨政治”。

1952
高等院校院系调整，社会学学科被取消，相关教师被分流到各大院校和研究机构。

1979
全国哲学社会科学规划会议筹备处主持开展“社会学座谈会”，中国社会学研究会成立，费孝通 当选首任会长。

1980
中国社会科学院社会学研究所成立，费孝通任首任所长。

1981
南开大学社会学专业班成

1940 1950 1960 1970 19

1982

北京大学社会学系正式成立，袁方 任系主任。

985

:文藻、李安宅 去世。
·孝通 在北京大学创
·社会学研究所（后更
;为“社会学人类学研
;所”）。

1997

在第二届社会-文化人类学高级研讨班上，费孝通 提出了“文化自觉”概念。

2000

北京大学社会学系与社会学人类学研究所正式合并。林耀华 去世。

2003

费孝通 发表《试谈扩展社会学的传统界限》，将社会学的研究提升至新层次。

2005

费孝通 去世。

2008

瞿同祖 去世。

2019

中国社会学重建四十周年。

2022

燕京大学社会学系建系一百周年。

1990 2000 2010 2020

1939年，吴文藻在昆明建立了“燕京大学-云南大学社会学实地调查工作站”。为避战乱，工作站迁到了呈贡的魁星阁，“魁阁”成了当时国内最有活力的社会学群体

第一讲

何以家国

——吴文藻："乱世"下的社会学命题

王铭铭

北京大学社会学系教授

20世纪初，中国正处于内外交困的困境之中：政治上面临着巨额的战争赔款，思想上则被近代西方关于"民族""国家"的话语所扰乱，这种扰乱持续制造了历史的断裂感。在这样的背景下，中国社会学的关键性人物吴文藻，以独特且富有远见的眼光，回答了"何以中国"这一重要问题。

在本讲中，北京大学社会学系教授王铭铭将沿着吴文藻的人生轨迹展开，探讨吴文藻对民族与国家概念的界定，讲述他如何改造西方社会学理论，从而开启认知中国社会的大门。

1 庚子赔款“资助”的知识分子

他得到的这一系列西式教育，都与变身为“奖学金”的战争赔款相关。这当中，兼杂着掠夺、慈善、文化支配的深刻矛盾，对此，吴文藻内心必定五味杂陈。

吴文藻不是中国第一个引介西方社会学的学者。在他之前，作为思想体系的近代西方社会学，对中国思想界已经产生了影响，受到了严复、康有为、梁启超、章太炎、刘师培等的重视。不过，在作为学科的“中国社会学”建立过程中，吴文藻所起的作用举足轻重。他是个承前启后的枢纽性人物，可谓中国社会学百年历程中最重要的人物之一。他的贡献，具体表现在以下两大方面：

其一，在中国，推动了作为思想的社会学向作为学科的社会学转化；
其二，立足于所在的文明传统，选择和综合了多门西学和多种理论，突破了社会学的传统界限，赋予了这门学科中国气质。

吴文藻最杰出的弟子费孝通先生曾说，他老师的事业，是“开风气，育人才”。吴文藻“身教胜于言传”，不求“在文坛上独占鳌头”，因而没有著作等身。然而他数量有限的论著影响深远，引导了一大批学术青年走上社会学研究的道路，在他过世三十多年后的今天，他的论著读起来仍旧新意满满。

一个学者思想的形成和发展，往往以人生的“时序”为节奏，吴文藻当然也不例外。要把握他的心路历程，我觉得比较方便而有效的办法，是以这个“时序”作为线索。首先，我们从他的成长经历说起。

“庚子赔款”开启的学业生涯

青年时期的吴文藻

1901年4月，吴文藻出生于江苏江阴一个平民家庭中。那个年代可谓“乱世”。在他出生前一年，义和团运动爆发，列强侵入京城。清廷内外交困，在屈辱性的惨败后，与列国签订了《辛丑条约》。这个条约有个巨额战争赔款的专项，也就是“庚子赔款”。条约签订时，吴文藻不满周岁，但在他的成长过程中，这个条约对他的影响与日俱增。

吴文藻天资聪颖，本可以走“学而优则仕”那条路，不过在进入学龄之前，科举制度已经被废除。

1908年，在吴文藻上小学期间，美国政府决定将其所得“庚子赔款”用来对华输出西式教育。这个做法后来得到了列强的仿效，“庚子赔款”从此得到了一个华丽转身。

1917年，吴文藻在完成小学学业一年后考入清华学堂。这所学堂便是用“庚子赔款”资助创办的留美预科学校。六年后，吴文藻赴美留学，先在达特茅斯学院社会学系获得本科学位，接着他去了纽约，在哥伦比亚大学社会学系做研究生。他得到的这一系列西式教育，都与变身为“奖学金”的战争赔款相关。这当中，兼杂着掠夺、慈善、文化支配的深刻矛盾，对此，吴文藻内心必定五味杂陈。

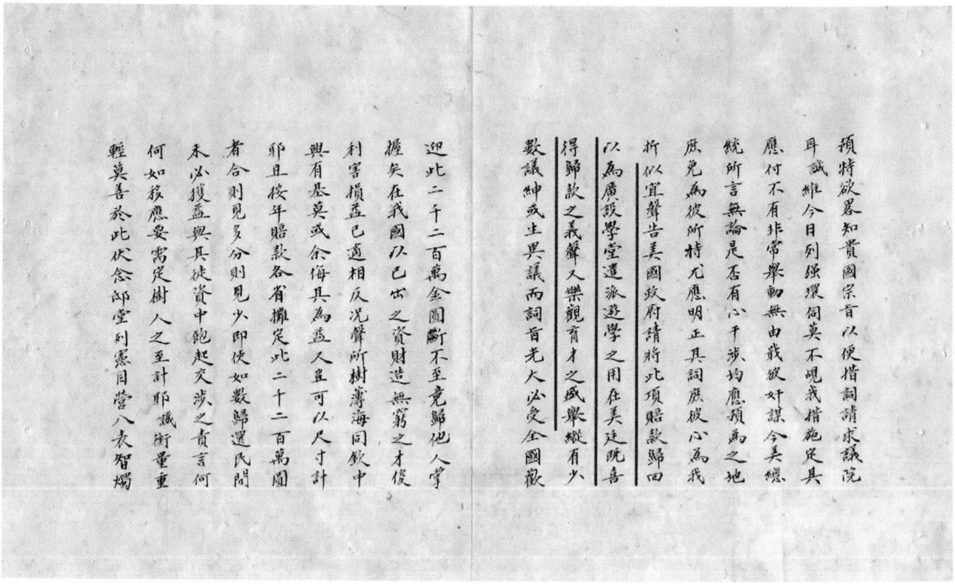
預特欲畧知貴國宗旨以便措詞請求議院
再議惟今日列強環伺莫不覬我措施定其
應付不有非常舉動無由戢彼奸謀今美總
統所言無論是否有心干涉均應預為之地
庶免為彼所持尤應明正其詞庶彼心為我
折似宜聲告美國政府請將此項賠款歸回
以為廣設學堂遣派游學之用在美廷既喜
得歸款之義聲又樂觀育才之盛舉縱有少
數議紳或生異議而詞旨光大必受全國歡
迎此二千二百萬金圓斷不至竟歸他人掌
握矣在我國以已出之資財造無窮之才俊
利害損益已適相反況聲所樹薄海同欽中
興有基莫或余侮其為益人豈可以尺寸計
耶且按年賠款各省攤定此二千二百萬圓
者合則見多分則見少即使如數歸還民間
未必獲益與其徒資中飽起交涉之責言何
如移應要需定樹人之至計耶職衡量重
輕莫善於此伏念邸堂列憲目營八表智燭

1 清华大学前身“清华学堂”，本是用美国退还的部分“庚子赔款”办的一所留美预备学校（清华大学官网）

2 清光绪三十一年（1905年）驻美公使梁诚上奏朝廷的一封电文中提道，“似宜声告美国政府，请将此项赔款归回，以为广设学堂、遣派游学之用”（新竹清华大学官网）

3 波亚士为美国自然历史博物馆布展时拍摄的照片，名为“哈马萨人（Hamats’a）从秘密房间中出来”，摄于约1895年（Smithsonian）

研究中的现实关怀

吴文藻在清华时曾参加五四运动。留美期间的本科阶段，他开始对马列思想产生兴趣。研究生阶段，他学习的是西方专门研究白种人社会的社会学，但他对专门研究有色人种或“落后民族”的人类学，感到更加亲切。那时，美国的文化相对主义人类学奠基者波亚士在哥伦比亚大学影响很大，吴文藻很受吸引，喜欢上他们的课，读他们的书。

吴文藻硕士论文的主题与孙中山的三民主义学说有关，博士论文的

波亚士（或译“博厄斯”）

Franz Boas，1958—1942

德裔美国人类学家，美国人类学和现代语言人类学奠基人，被称为“美国人类学之父”。波亚士主张通过了解各个文化单独的演变过程，来认识人类一般的文化成长法则。他提倡人类学应分为体质人类学和文化人类学两大学科，后者包含考古学、民族学和语言学等。他非常注重土著语言的研究，为描述语言学的建立做了许多开创性的工作。他主张文化相对主义，并在此基础上论证了种族平等和民族平等的思想，极力反对欧洲中心主义。他一生发表过不少著作，并曾培养过不少学有所成的人类学学者，如克罗伯、罗维、米德、本尼迪克特、赫斯科维茨、萨丕尔、威斯勒等，他们统治美国人类学将近半个世纪，广泛传播了波亚士学派的文化相对论。著有《原始人的心智》《人类学与现代生活》等。

主题是英国舆论和行动中的“中国鸦片问题”，他的选题都具有高度的现实关怀。学生时代的这些行动和思想，体现了吴文藻波澜起伏的内心活动。

吴文藻思想早熟。他的妻子是著名文学家冰心，在一篇回忆文章中，冰心透露，她与吴文藻是在赴美留学的船上结识的，对他的第一印象特别好。吴文藻直率而博学，很快成为她的“诤友、畏友”。冰心还提到，那时的吴文藻虽然还是本科生，但已思维深邃，并下了决心，投身社会科学事业，是个有思想的青年。

吴文藻与冰心的结婚照

冰心所言不虚。留美三年后，1926年，吴文藻年方二十五，便在《留美学生季报》上发表了《民族与国家》一文。

《民族与国家》分量很重，内容堪比一部巨著。

它表明，那时的吴文藻，已学贯中西、志存高远。我认为吴文藻一生的事业，从来没有脱离这篇文章表达的想法。所以，关于它，要多说几句。下一节，我们就来看看他的名作《民族与国家》。

推荐阅读

◎ 冰心：《我的老伴——吴文藻》，见《吴文藻人类学社会学研究文集》，第1—18页。

◎ 费孝通：《开风气　育人才》，载《北京大学学报》（哲学社会科学版）1996年第1期。

◎ 林耀华、陈永龄、王庆仁：《吴文藻传略》，见《吴文藻人类学社会学研究文集》，民族出版社，1990年，第337—349页。

2 “今日之国家，立于文化之基础上”

真正的“民族政邦”，是“文明团体”，对这种团体而言，语言和文字系统的特殊性、历史形态与文明成就是灵魂。

《民族与国家》这篇文章，主旨在于辨明“民族与国家之真谛，及二者应有之区别，与相互间应有之关系”。这是一个与中国的现代命运息息相关的问题。

20世纪初，近代西方的“民族”“国家”等概念，给中国引来了“破裂现代性”。

有人说，中国是“被诅咒而进入现代化”的，其中的“诅咒”，即主要来自近代“民族国家”话语。吴文藻还是少年时期，这个话语就导致了帝制“朝代政邦”向“民族政邦”的巨变。然而，到吴文藻写作《民族与国家》一文时，理论家和政治家对于“民族政邦”概念的理解依旧很模糊。他们急于发表各种政论，于是乎并不在意概念理解的准确性。吴文藻担心“理论界混淆”持续制造历史的破裂，决心下功夫澄清这些概念的原意。

他在人类学、社会学、政治学和国家法学、政治学、国际法学的书海中摸索，引用了大量原典，考据了种族、民族、国家、政邦（政治的制度形态）等概念，指明了这些“关键词”的概念边界和语义变化。

吴文藻指出，19世纪末以后，在将中国推向现代“民族政邦”的过程中，不少理论家和政治学家误将民族与国家视作两相对称的实体，殊不知，这个对称，本是在特殊历史条件下出现的。

这种对称诉求，叫作“一族一国”，起初与美国的独立建国事业有关，接着又用在了巴尔干半岛诸民族争取权益的斗争中。吴文藻认为，

美国留学期间的吴文藻（左七）

民族国家主义的这一反殖民、反霸道倾向，本身是可以同情的。但后来，包括列强在内的各国也纷纷兴起民族建国运动，对这里头的“奥秘”，应引起警惕。这些运动，形式不同，口号不同，但其本质是“争霸”，其结果是“欧战”（第一次世界大战）。

战后，有政治家提出解决“争霸”问题的方案，遗憾的是，这个方案的基础，还是作为战争起因的“一族一国”观念。

“一族一国”方案最终没有付诸实施，却持续影响着世界。在它成为主导观念的过程中，西方也有过多民族国家的主张，也持续存在多民族国家的现实，即使那些自称“一族一国”的民族国家，亦是如此，但这些都被人们忘记了。在亚洲情况更为严重。无论是政界还是学界，都依赖“一族一国”来呼风唤雨。

吴文藻认为，这种“一族一国”理论将“变态竟且视作常情，此乃思想界混淆之所由起”。为揭露“思想界混淆”，防止这种混淆继续制造祸害生民，吴文藻追溯了“民族政邦”的由来。他以文化人类学的方法，重新定义了民族的本质。

他指出，创建现代国家是必要的，但要创建这种国家，首先应该知道，

“今日之国家，立于文化之基础上”，

其内在的本质是文化，而不是政治。间接从留法学者李璜那里借用法国社会学年鉴派的观点，他说，

真正的“民族政邦”，是“文明团体”，

对这种团体而言，语言和文字系统的特殊性、历史形态与文明成就是灵魂。

> 民族者，乃一人群也；此人群发明公用之语言文字，或操最相近之方言，怀抱共同之历史传统，组成一特殊之文明社会，或自以为组成一特殊之文明社会，而无需乎政治上之统一；当民族之形成也，宗教与政治，或曾各自发生其相当之条件的效力，第其续续之影响，固非必需也。故民族者首属于文化及心理者也，次属于政治者也。
>
> 昔日之国家，纯为一种政治组织，大都以武力保其尊严，不借文化增其光耀。今日之国家，事实上虽未脱野蛮之遗风，理论上却已不复纯为一种政治组织，而为人类社会中之文明团体矣。（吴文藻：《民族与国家》）

吴文藻坚信，学者不应唯西方观念是从，而应“兼有中外之特长”。他一面梳理西学概念的源流，一面从其对传统中国的认识出发，重新定义民族与国家之间的关系：

> 诚以数个民族自由联合而结成大一统之多民族国家，倘其文明生活之密度，合作精神之强度，并不减于单民族国家。（吴文藻：《民族与国家》）

《民族与国家》指出，“一族一国”观念虽然在20世纪初对世界产生过深刻的影响，但它不符合西方各国自身实际存在的多民族思想和现实，更不适用于文化与政治不对称的大一统中国。

这篇我认为很伟大的文章，现实关怀和学术关怀并重，其在社会科学上的要点可总结如下：

（1）近代以来，民族和国家，及与其纠缠在一起的社会科学关键词，对现实世界产生着深刻影响。学界若对它们不求甚解，人云亦云，后果十分严重。因而，学界有责任认真研究这些概念的谱系。

（2）做西学观念的谱系梳理，不等于迷信西学，而是旨在说明，与其他观念一样，西方的社会科学关键词是在特定时间和空间里产生的，有它们的特殊性。

（3）对本国国情进行社会科学研究，为“时所必需”，但研究者不应套用有其区域特殊性的西来理论。西方理论当时被当成一种普遍理论，而吴文藻认为它们有时间和空间的特殊性，假如不对这些理论加以调整，就用它们来解释另一个区域，特别是像中国这种文化、政治不对称的多民族大一统国家，就会产生扭曲。

在《民族与国家》一文里，吴文藻指出了当时中国学界面对的两大学术任务：

其一，对西学关键概念的意义加以复原，对观念源流的时空特殊性加以研究；
其二，用自己的语文体系、民族史、文明成就等“消化”外来话语。

1928年底吴文藻获得博士学位，随即启程回国，他肩负以上看似矛盾的双重使命，于次年加盟燕京大学社会学系，开启了他的大学教授生涯。

3 解决“思想公式化”，唯有“中国化”

“中国化”，一方面，意味着用中国语文系统来解释和传授社会科学，建立本国语文的主体性。另一方面，它也意味着“思想系统化”。

燕京大学是于1919年成立的教会大学，其校园位于现在北大校本部所在地。1922年，燕大组建社会学系，创业者是美国教会学者步济时及他周围的中外同仁。自1926年起，燕大社会学系曾由华人学者许仕廉先生担任系主任，在他的领导下，教学上取得了良好成绩，也有了发表科研成果的学刊（《社会学界》）和调查研究基地（如清河实验区）。

对燕大社会学系的创立者，吴文藻尊敬有加。然而，在教学过程中，他发现，燕大也存在着一些令人不愿看到的问题。当年在燕大，老师教书时照抄欧美模式，没有把中国国情结合到知识传授中，所用的教材多为外文原版。环顾校外，他发现问题更加严重。社会科学研究者大多数仰望西方理论而不知其所以然，有对西来理论饥不择食的倾向，往往在不加选择乃至曲解的情况下，充当各种“主义”在华的代言人。

步济时

John Stewart Burgess，1883—1949

美国社会学家与国际社会活动家，中国社会工作教育开创者和奠基人之一。曾主持成立燕京大学社会学系并教授社会学。他是最早将社会学研究中的田野调查带到中国，并结合中国具体研究取得卓著成绩的外国人。著有《北京的行会》，与西德尼·甘博（Sidney Gamble）合著《北京的社会调查》。

许仕廉

1896—?

湖南湘潭人，中国社会学家。1926年接替步济时担任燕京大学社会学系系主任，1928年主持创办清河实验区，1930年参与筹建中国社会学社。他积极提倡发展中国的社会学，提出中国社会学的宗旨在于为本国培养专门的社会理论家、研究家和高等的社会服务专门人才。著有《中国人口问题》《一个市镇调查的尝试》等。

1 步济时（后排左一）在中国

2 步济时（右）在与中国民众进行交谈

吴文藻将以上问题概括为“思想公式化”。他指出，

要解决“思想公式化”问题，唯有采取“中国化”这一办法。

双管齐下，推动社会学“中国化”

“中国化”，一方面，意味着用中国语文系统来解释和传授社会科学，建立本国语文的主体性。另一方面，它也意味着“思想系统化”，即在系统把握西学理论的基础上，找寻适合国情和国情研究的框架。也就是说，所谓“思想系统化”包含着两样工作、双重使命：更系统地把握西学理论，并在当中寻找适合国情的研究框架。

在燕大，吴文藻一面用中文授课和编写讲义，一面博览群书，系统梳理了西方诸人类学和社会学体系的脉络。在此期间的早期阶段，为“思想系统化”，他发表了大量述评之作，讨论遍及社会主义（包括费边派社会主义）、美国文化人类学、欧陆的各种系统社会学。

1932年秋，芝加哥学派社会学领袖派克受燕大聘请来华讲学，吴文藻与学生一道听了他的课，还于次年自己掏钱印制了《派克社会学论文集》。他为这部论文集写了导言，阐明了他对芝加哥学派的认识：

首先，芝加哥学派的学术领袖派克是一个“述而不作”的教授，特别重视培养研究团队，写的东西并不多。

其次，芝加哥学派做了很多理论工作，成果斐然。这个学派择取各国优秀理论，加以新综合，形成一套有自身特色的主要概念。包括人格、共生—协和、社会化、集体行为、文物制度等，这些概念都是芝加哥学派基于其他学派的理论，综合得来的。

再次，这个学派倡导一种让吴文藻特别感兴趣也特别服气的“彻底的现实主义”，这保证了他们的社会学研究高度务实。

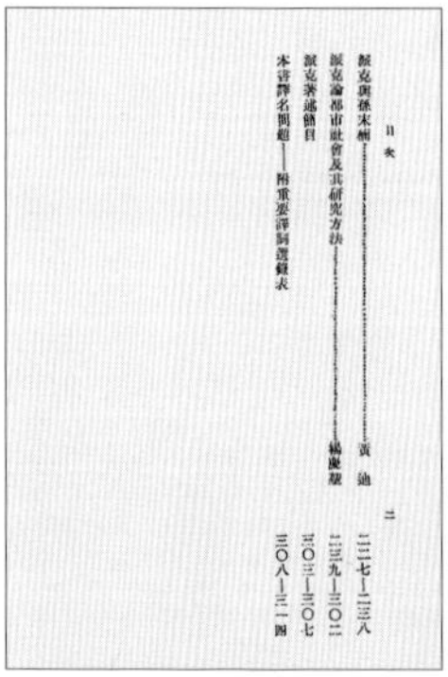
目次

二

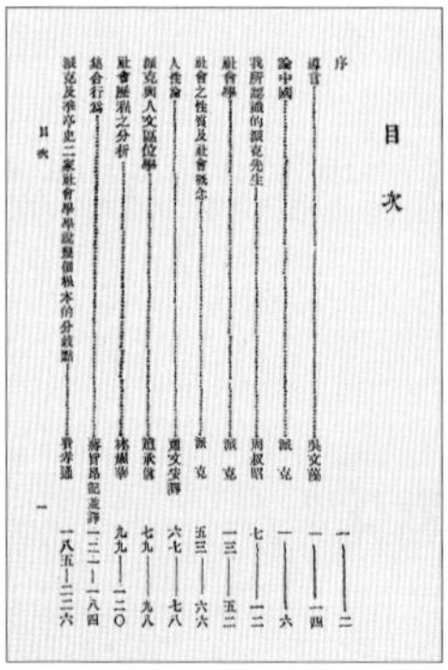
目次

目次 一

派克社會學論文集

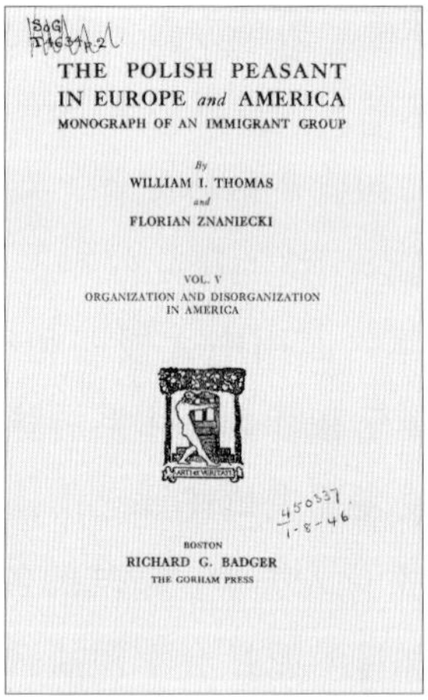
THE POLISH PEASANT
IN EUROPE and AMERICA
MONOGRAPH OF AN IMMIGRANT GROUP
By
WILLIAM I. THOMAS
and
FLORIAN ZNANIECKI
VOL. V
ORGANIZATION AND DISORGANIZATION
IN AMERICA
BOSTON
RICHARD G. BADGER
THE GORHAM PRESS

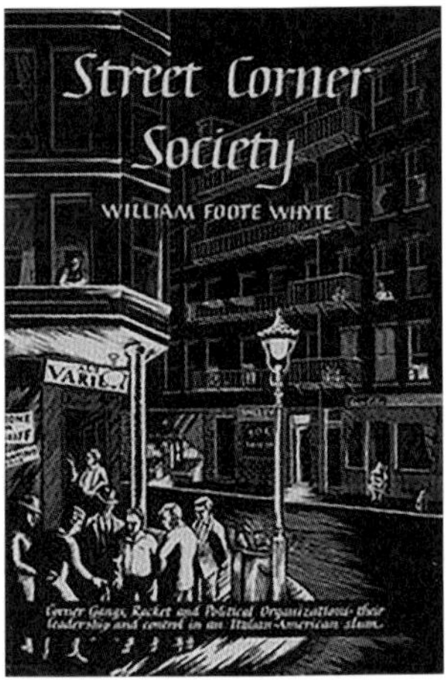
Street Corner
Society
WILLIAM FOOTE WHYTE
Corner Gangs, Racket and Political Organizations: their leadership and control in an Italian-American slum.

ICE

Trains
EVERY
HOUR
ROUND TRIP FARE
CHICAGO to
HAMMOND .90
EAST CHICAGO .95
GARY 1.10
MICHIGAN CITY 2.45
SOUTH BEND 3.85
ST. JOSEPH 3.25
BENTON HARBOR 3.35
SOUTH SHORE
LINE

最后，为将“彻底的现实主义”落到实处，这个学派在城市社会学园地里深耕，提出了人文区位学（Human Ecology）的观点和社区研究法。

以上四个方面的前两个，引起吴文藻强烈共鸣，原因显而易见：他自己也是把教学看得比著述重要的老师；他也致力于选择和综合各国优秀学说，构建一门新社会学。

芝加哥学派的“彻底的现实主义”，也正是吴文藻眼中新社会学的本质特征，这是他所更为认同的。

不过，吴文藻对芝加哥学派将美国当作现代文明代表的看法有所保留。芝加哥学派认为美国是现代文明的代表，要研究美国，就要研究具有美国特征的社区，也就是现代都市。对其现代都市的研究倾向，吴文藻表示理解，但并不是很有兴趣，他对社区研究法特别看重，认为这是“彻底的现实主义”的生成条件。

对芝加哥学派，吴文藻并不盲从。他委婉地说，人文区位学表面上新颖，其实不然。比如，从孟德斯鸠到涂尔干和哈布瓦赫（Maurice Halbwachs），乃至英国的霍布豪斯（Leonard Hobhouse），社会学前辈有

1
2 3 4
5

1《派克社会学论文集》目录、扉背作者肖像与扉页

2 1892年，斯莫尔（Albion Woodbury Small）在芝加哥大学建立了第一个独立的社会学系（芝加哥大学官网）

3《身处欧美的波兰农民》（*The Polish Peasant in Europe and America*），实证社会学经典之作，对芝加哥学派产生了重大影响

4 芝加哥学派（社会学）兴于20世纪二三十年代，倡导“彻底的现实主义”。《街角社会》（*Street Corner Society*）是这一学派的代表作之一

5 20世纪30年代的美国纽约和芝加哥，现代工业城市崛起，但同时带来很多社会问题：移民、贫富分化、暴力动乱（电影《美国往事》[1984]；The Shoebox Negatives）

过精彩的社会形态学论述。芝加哥学派本可深究其人文区位学与社会形态学的差异与关联，可惜他们没有做这项工作，这就使他们的研究缺少理论的灵性。

吴文藻还从中国国情研究的要求出发，点评了芝加哥学派运用的社区研究法。他认为，这个研究法，固然是“彻底的现实主义”的方法基石，但要在中国用，便应先适应中国国情。

何为中国国情？吴文藻的答案是，与美国社会形成对比的“非都市性”。

如果说美国社会是个都市性的社会，那中国社会传统上就是非都市性的。

那么，从美国都市社区的研究中成长起来的芝加哥学派，能满足中国非都市性国情之研究的需要吗？

吴文藻表明，不能光靠社区研究法，中国学者应进行更广泛的综合，其中一项重要的工作就是吸收民族学的已有成就。虽然研究乡村的社会学可以与都市社会学区分开来，自称“乡村社会学”，但是，吴文藻认为，

单纯的乡村社会学是不够的，如果不兼具民族学的内涵，那就会有严重缺陷。

民族学是专门研究“初民社会”的学问，这一学问对我们把握非现代社会极其重要，传统中国本来也是一个非现代社会，因而，这一学问对于中国国情的研究也极其重要。

“超社会的中国”

这里的非现代社会，指的是多民族历史文明的具体

“时空坐落”。

“时空坐落”是费孝通著述里的话，基本反映了吴文藻对社区时间和空间的界定。

在《民族与国家》一文中，吴文藻已经表明，文明在历史的分合辩证法中生成，分与合这两面是辩证关系，而不是对立关系。各民族有各自的语文、历史和文明系统，这是分的一面；但这些系统之差异，并没有妨碍他们进行有高度“合作密度”的互动，也没有妨碍一种超民族层次的一体化文明的生成和绵续。

在吴文藻看来，这种多民族国家的分合辩证法，无论是对中国文明的绵续，还是对构建新世界秩序，都有着极其重要的启迪作用。

在提出多民族国家观点时，吴文藻并不了解“欧战”前后法国社会学年鉴派对文明

“超社会的社会”

的形容。在年鉴派代表涂尔干及其弟子看来，所谓的文明，是超越社会的、更大的系统。吴文藻笔下的中国，与年鉴派的文明十分相近。也因为他对“超社会的中国”早有思考，在评介派克社会学时，就特别关注这位大师所写的《论中国》一文。

派克既是美国城市人类学研究的领导者，又是“同化”理论的倡导者。在临退休前，他对中国民族关系的历史和现实，产生了浓厚兴趣，认为这里存在某种古老的“同化”智慧。在《论中国》一文中，他表达了自己的认识，指出：

> 传统、习俗和文化是一个有机体……中国就是这样一个有机体。在它悠久的历史中，逐渐生长，并逐渐扩张其疆域。在此历程中，它慢慢地、断然地，将和它所接触的种种文化比较落后的初民民族

归入它的怀抱，改变他们，同化他们，最后把他们纳入这广大的中国文化和文明的复合体中。

假如当年吴文藻没有肩负教书育人的重任，那么，他一定会有充裕的时间，将他的多民族国家观点，与法国社会学年鉴派文明论及派克的文明复合体论相结合，搭建一个有关“超社会的社会”的社会学理论框架。

然而，20世纪30年代初，刚入而立之年，吴文藻已成为大学老师，他急于为学生找到适合国情的研究方法，将他们培养成能娴熟运用这个理论的人才。于是，他不无遗憾地暂时搁置了这一理论创新的机会，将几乎所有精力投入到搭建方法框架这项工作上。

1935—1938年，吴文藻写了一系列有关社区研究法和功能派社会人类学的文章。此间他的写作，都旨在说明，

“以一地方为社会调查的基础，乃实地考察社会最便利的方法”。

对一个地方进行社会调查，并以它为基础展开研究，是我们研究社会最方便的方法。

推荐阅读

◎ 北京大学社会学人类学研究所编：《社区与功能——派克、布朗社会学文集及学记》，北京大学出版社，2002年，第17—21页。

◎ 王铭铭：《人文生境：文明、生活与宇宙观》，生活·读书·新知三联书店，2021年，第224—267页。

◎ 吴文藻：《〈派克社会学论文集〉导言》，见《论社会学中国化》，第189—199页。

◎ 吴文藻：《〈社会学丛刊〉总序》，见《论社会学中国化》，商务印书馆，2010年，第1—7页。

4 社区，中国文明的构成单位

吴文藻强烈主张中国是由部落和乡村这两大板块构成的。这两种社会一种分布在“内地”或西部，一种主要分布在东部，完整的中国社会学，应在东西两个方向上同时展开。

吴文藻将“地方”界定为社区，用社区来指一地之人民、其居住的地域和生活方式。他对社区没有进行地理和人口规模的限定，认为小到邻里、村落，大到城市、国家、世界，都可以叫作社区。在《现代社区实地研究的意义和功用》一文中，他主张社会学家要研究社区，应先对它进行时间和空间的定位。

在时间上，他主张应以现代社区的研究为主，而“现代”主要指鸦片战争爆发以后的历史时间（吴文藻说，它固然可以追溯到明末清初中西文化接触时代，但再往前就属于历史社会学的领域了，不是他主要关心的）。在空间上，据社区的社会演化程度，吴文藻将社区分为三类：

第一类，部落社区，指以游猎和畜牧为主要生业的人民及其文化。

第二类，乡村社区，指以农业和家庭手工业为主要生业的人民及其文化（费孝通颇得吴文藻真传，他研究乡村地区绝不仅研究农业，还研究家庭手工业如何遭遇现代工厂的挑战）。

第三类，都市社区，指以工商制造业为主要生业的人民及其文化（论及诸类中国社区时，吴文藻往往也将这类社区与华侨社区联系起来看待）。

这些社区分类对吴文藻而言是很重要的，他想以此来表明，“多民族国家会有多种生景，是由各种各样的文化构成的”。在吴文藻看来，中国文明传统上是由众多部落社区和众多乡村社区构成的，这里有打猎的猎人，有的人做游牧，有的人做圈养，有的人做家庭手工业。这些社区正在经历现代化的影响，也可以理解为都市社区这种文化新形态正在到来。因此，研究所谓“现代社区”，就是研究一个多民族国家的传统，以及它对现代情境的适应。

在吴文藻论述社区研究法时，国内外民族学已经对部落社区进行了很深的实地调查研究，也积累了丰厚的成果，而社会学对城市和乡村的研究也成绩斐然，但他们的研究重点是城市和乡村，而不是部落。在《西方社区研究的近今趋势》一文的第三节，吴文藻总结了燕京大学社会学系、北平社会调查所、中研院社会科学所城乡社区调查的成就，继而也用相当篇幅叙述了俄罗斯人类学家史禄国、日本民族学家鸟居龙藏及中央研究院民族学家的边疆民族志研究。到行文接近尾声时，吴文藻介绍了传教士社会学家葛学溥（Daniel Kulp）于1925年出版的《华南的乡村生活》，称其畅想的社区研究与葛氏的“静态社区”“动态社区”的综合研究法相一致。

吴文藻强调，要发展一门有利于认识整体中国国情的社会学，便应该对民族学和社会学的既有成就进行新综合，而最有助于打通这两门学科的，是英国功能派的社会人类学。

到20世纪30年代，吴文藻整理西方社区研究成果的时候，功能派人类学已经将功能和结构这两个核心概念，运用于民族学和社会学的新综合，吴文藻认为，这很有新意，值得中国社会学借鉴。

史禄国

Sergei Mikhailovich Shirokogorov，1887—1939

俄罗斯人类学家。生于世家，受古典通才教育。1922年移居中国，先后于中国多地任教和做学术调查。他强调心态研究，贯通生理、社会、文化层面的现象。著有《满族的社会组织》《通古斯人的心智丛》等。

鸟居龙藏

1870—1953

日本人类学家、考古学家，东亚人类学开拓者之一。小学辍学后，坚持自学。擅长田野调查，足迹遍及日本及东亚各地，是最早对中国少数民族进行调查研究的日本学者。著有《史前期的日本》《苗族调查报告》《东北亚人类学人种学问题》等。

因此，1935年，吴文藻发表《功能派社会人类学的由来与现状》一文，并于那年秋季邀请了该派的代表人物之一拉德克利夫－布朗来燕大讲学。随后，在《社会学界》刊登的《纪念布朗教授来华讲学特辑》里，他又发表了鸿文《布朗教授的思想背景与其在学术上的贡献》。在这两篇文章里，他全面评介了功能派社会人类学的学术体系。在谈作为研究方法的社区研究时，他大量引据马林诺夫斯基“物质、制度、精神文化”三层次的观点，以及对参与式民族志实地考察方法的论述，在谈民族学和社会学结合对现代中国社区实地研究的重要性时，他也常常会征引拉德克利夫－布朗有关社会人类学等于比较社会学的看法。

马林诺夫斯基和拉德克利夫－布朗的理论对吴文藻是特别重要的，在吴文藻的社会学中，这两个人的理论是基础。

相比吴文藻对社区的时间性和空间性的界定，芝加哥学派的社会人类学奠基者、派克的女婿雷德菲尔德，也提出过一套社区研究的方法，并于墨西哥尤卡坦区（墨西哥东南部）将其付诸实践。我认为吴文藻和

马林诺夫斯基（中）与特罗布里恩德群岛人的合影，摄于1918年左右（London School of Economics Library Collections）

雷德菲尔德的框架很相似，但是有一个不同：雷德菲尔德在部落、村落、城市外，还有一个叫作“乡镇”的环节，这个环节在吴文藻关于社区的论述中是没有被讨论的。但是吴文藻知道雷德菲尔德的重要研究，在《中国社区研究计划的商榷》一文中，吴文藻还直接表明，雷德菲尔德和他的团队在墨西哥尤卡坦区域做的社会人类学研究，是研究中国的“绝好的前例”。

雷德菲尔德的年龄实际上比吴文藻还大一点，他们的学术关怀是不一样的。雷德菲尔德致力于用文明社会的民间文化研究，来突破社会人类学部落研究的局限性。吴文藻对这点并没有兴趣，他更有兴趣的是对社会学进行改良，使它更适合中国国情。

吴文藻强烈主张中国是由部落和乡村这两大板块构成的。

这两种社会一种分布在“内地”或西部，一种主要分布在东部，完整的中国社会学，应在东西两个方向上同时展开。他说的这几种社区，正符合东西部同时研究的需要，这也是他讲的社会学中国化中一个很重要的内容。

马林诺夫斯基

Bronislaw Malinowski，1884—1942

波兰裔英国人类学家，功能学派创始人，人类学田野工作的先驱。功能学派认为文化的存在是为了满足人类自身包括生理和心理在内的种种需求，各文化要素如亲属关系、政治结构、经济方式、仪式与信仰等皆在这个整合的文化系统当中。马林诺夫斯基提倡实地考察的方法，反对凭想象和演绎去建立理论，他在对西太平洋地区的田野中总结出参与观察法，即深入被研究群体内部，学会其语言并最好同他们打成一片，这样才能了解他们的生活方式和行为关系。著有《西太平洋上的航海者》《原始社会的犯罪与习俗》等。

雷德菲尔德

Robert Redfield，1897—1958

美国人类学家、社会学家。他的研究方法和理论受到以马林诺夫斯基和拉德克利夫-布朗为代表的功能学派人类学的影响，同时在方法上还受以派克为代表的芝加哥学派经验社会学的影响。当多数人类学家把注意力集中在原始人及其文化时，他却致力于农村社区研究，认为民俗文化与都市文化共同组成了文明的连续统一体。雷德菲尔德的另一个理论贡献是提出了大传统与小传统的概念。著有《尤卡坦的民间文化》《农民社会与文化》等。

而中国也不是西方社会学通常研究的现代社会。什么是社会学？很多社会学家会说，社会学是对现代性的研究。吴文藻认为当时的中国不是现代社会，而是处在传统向现代过渡阶段的社会。中国的社会学要研究的正是这种特殊的社会形态。

我们不能像西方学者那样，把社会学当成对现代性的论述，吴文藻认为，应先对传统有所了解。

因此，研究中国，首先要在实地中研究传统社会。所谓传统，也不只是说“儒家”一类的（思想）传统，还有部落和乡村承载的语文、历史、文明成就等。我们要对传统社会形成起码的感知，才能研究它的变迁。而且变迁也含有不良的后果，不能把变迁完全等同于好的事情。

当他在燕京大学当老师的时候，就看到很多青年一代受新文化的吸引，产生了某种心态上的文明断裂，对传统毫无所知。有鉴于此，吴文藻认为进行实地的社区研究是很好的事情：在传统尚未彻底流失的情境下，为青年研究者提供在部落和乡间接触传统的机会。这个传统是很具体的，即在部落和乡间流传的文化。

谈到这里，我们就能了解到，吴文藻是很重视和培养青年学者的一位老师，下一节来谈谈他对“人才”是怎么看的。

推荐阅读

◎ Robert Redfield, *The Folk Culture of Yucatan*, Chicago: University of Chicago Press, 1941.

◎ 吴文藻：《西方社区研究的近今趋势》，见《吴文藻人类学社会学研究文集》，第151—158页。

◎ 吴文藻：《现代社区实地研究的意义和功用》，见《吴文藻人类学社会学研究文集》，第144—150页。

5 “人才，人才，还是人才”

中国应与整个欧洲来比，才能明了中国文化悠久的意义。

——吴文藻

费孝通在1995年的文章《开风气　育人才》中回忆吴文藻最重要的贡献时，说了一句话：

“人才，人才，还是人才。”

吴文藻28岁到燕大教书，很快就吸收了一大批青年学生。这些年轻人的主体，是四位小他十岁的青年：

费孝通、林耀华、瞿同祖、黄迪。他们都属狗，师母冰心戏称他们是“吴门四狗”。

此外，吴文藻身边不乏拜他为师的同代人，如大他一岁的李安宅和同龄的黄华节，也不乏比“四狗”小些的，如生于1912年的李有义和生于1918年的陈永龄。这些不同代的青年才俊，和吴文藻一起，共同搭建起了一套理论框架，并且把框架运用于研究实践。

吴文藻自1933年起担任燕大社会学系主任，担纲着学科建设的使命，他很重视争取社会科学研究经费和组织科研团队，他也很喜欢进行一些科研机构的组织工作。但对于吴文藻来说，最重要的还是进行人才培养。

他将人才分为专才和通才。

据他1941年发表的《如何建立中国社会科学的基础》所说，相比专才，他对通才更为重视。他认为培养专攻某个领域的专才比较容易，培养通才则比较困难。青年人要成为通才，必须“博约兼长”，既对自己专研的

方面了如指掌，又要对科学有大体了解，这还不够，还要对传统的哲学、史学、文学有所涉猎，吴文藻认为这些是

“民族文化之所寄托”。

有一点要特别强调，我们今天说“文化自信”，其实吴文藻很早就有这种文化自信。我们所处的历史文明不只对自己有价值，整个世界要和平、有秩序，是需要研究我们这种文明的。

鉴于中国历史文明在新世界有其特殊价值，吴文藻希望，

“中国社会科学通才，应负一种特殊使命，就是如何促进西洋科学受中国人文化”。

吴文藻教的学生属于社会学系，但他所做的却是通才教育，这种教育富有高度的人文特征。以“吴门四狗”为例，在他的指导下，费孝通先生做过古史上的婚姻礼俗的研究；林耀华先生做过社会思想史研究，特别是严复的思想，而且他的田野调查里经常会掺杂古代史的东西；瞿同祖则专门从事中国社会史研究，他也是“以理入法”这一主张的奠基者。这些研究都与吴文藻在高年级本科生中开设的《先秦社会政治思想史》和《近现代社会政治思想史》两门课有密切的关系，具有浓厚的人文色彩。

对吴文藻而言，学术的特殊出发点（中国人文）与普遍系统性（世界理论的掌握），两者不仅不矛盾，而且相得益彰。

因而，在指导学生时，他同样重视让学生们直接接触西方大师。他让学生们跟随来华讲学的派克、拉德克利夫-布朗学习，而且试着用他们的思想去研究中国社会。

在“吴门四狗”中，林耀华先生与拉德克利夫-布朗交往较多，还用他的理论去研究福建乡间的宗族组织，黄迪更多继承派克的人文区位学，他与赵承信一道以清河为例，深究了“村镇社区”在中国社会中的重要性。

另外，吴文藻也特别重视做国际学术外交。为了让徒弟去找大师拜师学艺，他派费孝通去伦敦政治经济学院，派林耀华去哈佛，派黄迪去芝加哥大学，推荐李安宅去加州大学伯克利分校。

社会学如何肩负多民族的历史文明，进入新时代？

在燕大，吴文藻先生引领一批学者做了两方面的工作：一方面，以“通才”为目标，深入钻研“中国人文化”社会科学；另一方面，在面对现代工业和都市文明冲击的乡村社区，做非常踏实的实地研究，已经没有精力顾及边疆“部落社区”研究了。同一时期，在蔡元培的引领下，中研院及南方一些大学的民族学家们深入边疆民族地区，做了许多文献和实地调查研究。在边疆民族研究方面，当时“燕京学派”确实处于弱势。但此后，情况产生了不小的改变。

1938年夏，吴文藻人生的另一个关键节点出现了。随着日军的入侵，他举家南下，进入西南地区，

在云南大学担任教授，并筹建社会学系，创办了“魁阁”

实地调查工作站（燕大与云大合办）。“魁阁”是昆明郊区的一座专拜文运之神魁星的小庙。不久费孝通从英国伦敦获得博士学位回国，到云大任教，负责这个工作站，接续了吴文藻的事业，带动内地农村调查研究，同时他也启动了多民族社区的研究。

吴文藻1940年底去了重庆，转任国民政府国防最高委员会参事，负责边疆、宗教和教育这些跟学问有关的事情，兼任蒙藏委员会顾问。吴文藻得到机会阐发其多民族国家的观点，发表了名篇《边政学发凡》，从文化的边疆和政治的边疆两方面入手，揭示边政学的丰富内涵。

在这篇文章中，吴文藻先说了一句让我终生难忘的话，他说：

“中国应与整个欧洲来比，才能明了中国文化悠久的意义。”

也就是说，在进行比较研究的时候，不能把中国和某一个单一的民族国家（如英、法、德）来比较，而是要和它们加起来比，这时你才能明白中国文化的悠久。现在很多人理解中国文化，恰恰没有听从吴文藻的教导。吴文藻深信，中国是多民族的整体，民族关系上，尽管历史上有一些分化、冲突，但是大的方向是协和统一，而欧洲的特点却是民族冲突、分裂。吴文藻的观点，与今天世界上的一些局面有许多暗合之处。对中国边疆民族文化的深入研究，价值超过中国的自我认识，有着重要的世界意义。

带着对中外民族与宗教问题的关切，在此期间吴文藻亲自去过印度等地和中国西北考察。费孝通曾回忆说，他“到了重庆后，又着手支持李安宅和林耀华在成都的燕大分校成立了一个社会学系和开展研究工作的据点，并适应当时和当地的条件，在‘边政学’的名义下，展开对西南少数民族的社会学调查和研究”。李安宅从美国回国后，从1938年起

“魁阁”遗址内的雕塑群，从左到右依次是瞿同祖、吴文藻、谷苞、林耀华、陶云逵、田汝康、许烺光、费孝通、张之毅、胡庆钧、史国衡等主要成员

对藏地展开了深入的历史和民族志实地调查，对边政学做出了巨大贡献。林耀华则于20世纪40年代初起在凉山、康区、嘉绒等地考察少数民族，写下了一系列堪称社会人类学和民族学典范的著述。此外，在吴文藻建议下，陈永龄等去新疆，一边教书一边做研究；李有义到拉萨，着手研究政教合一制度。

战争告终之际，吴文藻的社会学中国化思想已相继在东西部得以运用。此后，吴文藻自己的学术生涯经历了一些起伏。他1946年赴日担任国民政府驻日代表，直到1951年秋才回国。1953年，他到新成立的中央民族学院研究部工作。

研究部1952年成立，由费孝通主持工作，主要成员是燕大和清华的社会学菁英，他们不是吴门弟子，便是吴文藻的挚友。吴文藻在研究部担任教研室主任，与他的学生和挚友一道，作为主力，参与到“民族大调查”工作中去。这原本是社会学中国学派创造多民族国家社会学的机遇，但遗憾的是，1957年，吴文藻便与他的不少同仁被错划成“右派”，未能迎来属于他们的社会学第二个春天。他自己直到1979年才得以恢复名誉，重返学界，六年后即不幸因病辞世。

在吴文藻最后的日子里，他在中央民族学院指导了两届民族学研究生，并在助手的协助下，系统研究了战后英国功能派人类学及包括新进化论和结构主义在内的西方人类学理论的新变化，整理了英国、美国、法国人类学的理论动向。

推荐阅读

◎ 何联奎：《蔡孑民先生对于民族学之贡献》（代序），见《蔡元培民族学论著》，台湾中华书局，1962年，第1—19页。

◎ 潘乃谷、王铭铭编：《重归“魁阁”》，社会科学文献出版社，2005年。

6 延续至今的追问

在一个多民族的文明中展开社会科学研究，应要同时以这个文明为认识客体和认识主体，复原这个客体不同于单一民族国家的样貌，并借助这个客体的原有智慧，结合民族学、社会学、人类学这三门学科，突破“民族政邦”的现代局限。

吴文藻逝世十年后，1995年10月底，费孝通倡建的北京大学社会学人类学研究所举办十年所庆，费孝通出席并讲话。他在讲话（该讲话两个月后整理成《开风气　育人才》发表）中明确表明，他创办这个研究所，为的是接续吴文藻先生开创的“改革社会学”的事业，他坚信，吴文藻的社会学观代表了社会科学的中国道路。那个时候，我刚从东南沿海乡村调查回京，参与了这个庆典，听他发言的时候很有感触。

记得20世纪80年代后期，我在伦敦亚非学院图书馆看了不少前人著述。其中有一个人类学家叫弗里德曼，同时也是一位汉学家，他在20世纪60年代发表的一篇文章《社会人类学的中国时代》（*A Chinese Phase in Social Anthropology*）给我留下了深刻的印象。文章高度赞誉了吴文藻开创的社会学中国学派，认为这个学派的出现，划分了国际社会人类学

莫里斯·弗里德曼

Maurice Freedman，1920—1975

英国人类学家、汉学家。他用汉学人类学的经验来反思人类学的一般理论。他以关于华南宗族的研究而闻名，其宗族理论已经成为汉学人类学研究的一般性框架，而且，今天的人类学依然要探讨弗里德曼提出的一个核心挑战：从“无文字社会”或“简单社会”中发展出来的一般人类学模式在多大程度上适用于中国这样的文明社会。著有《中国东南的宗族组织》《中国社会中的宗教与仪式》等。

的一个时代。在赞扬的同时，他也对吴文藻所运用的方法有所保留。弗里德曼与杰出的英国结构人类学家埃德蒙·利奇（Edmund Leach）一样，不相信通过在不同区域重复做社区研究能“堆积出一个中国来”，

他认为中国自有另外一个层次的整体性。

因此，他主张将社会人类学视野下的中国，转向作为宇宙观整体关照的中国。

弗里德曼所做的工作极重要，但必须指出，他为了展望西方人类学在中国的未来，而对社会学中国学派提出的批评是片面的。他不了解吴文藻早在1926—1945年之间已阐述过“整体中国”的观点。吴文藻不仅坚守了这个观点，还试图把它具体化为一种方法论。

弗里德曼说的中国，仅限定在汉族：他认为中国等于汉族，中国文化等于汉族文化。而吴文藻的中国，有着超民族的语文、历史、文明系统。这个“多民族国家”，数千年来由生活在东西部的不同民族共同构成，其一体性是在纵横交错中生成的，既有政治文明中的上下关系成分，又有在筹边治边（边政学）的过程中结成的横向文明关联。这不同于弗里德曼的中国，后者仅是一个被西方人类学家研究的对象。我深信，

吴文藻的中国才是完整的中国。

在吴文藻的基础上，我们应该不断地追问：中国到底是什么？它的国情到底是什么？该怎么研究它？

然而，在中国社会科学界“参与观察”的四十年来，我看到，中国社会科学每门学科都得以恢复和优化了，但由于“思想的混淆”（吴文藻在近一个世纪前早已提醒），

> 这些社会科学门类仍然将一族一国模式这一“变态”视作“常情”。社会科学主导的“中国形象”，一直更像弗里德曼的那种族性单一、对象化的中国，而不是一个生动活泼的、多民族的、有深厚传统的中国。

我认为，正是因为意识到问题的严重，费孝通在1995年通过对吴文藻的“饮水思源”，对晚辈们提出了他的劝说：第一点是，社会科学怎样“中国人文化”；对我而言更重要的是第二点，在一个多民族的文明中展开社会科学研究，应要同时以这个文明为认识客体和认识主体，复原这个客体不同于单一民族国家的样貌，并借助这个客体的原有智慧，结合民族学、社会学、人类学这三门学科，突破“民族政邦”的现代局限，在东西部同时展开研究，重新构建中国社会科学。

有幸重温吴文藻的旧著，我感慨万千，他很早就看到了我们今天仍然在重复犯的错误，提醒我们要如何往前走。

推荐阅读

◎ Edmund Leach, *Social Anthropology*, Glasgow: Fontana Press, 1982, pp.122-148.

◎ Maurice Freedman, “A Chinese Phase in Social Anthropology”, in his *The Study of Chinese Society*, Stanford: Stanford University Press, 1979, pp.370-379.

◎ Maurice Freedman, “On the Sociological Study of Chinese Religion”, in his *The Study of Chinese Society*, pp.351-369.

7 答疑：社会学和人类学之间是什么关系？

我们的学科要不要跟西方一样保持应有的分工，或者是还像老前辈那样把它们混杂在一起？这是需要我们去讨论的。

人类学可以说是民族学的自然发展，因为西方的民族学是研究原始民族的，人类学也以研究原始民族为主。它们（在时间上）是前后相续的两种称呼，原来叫民族学，后来叫人类学。

但是，随着19世纪末至20世纪初几种大的社会学思想系统的出现，社会学理论对人类学产生了很大的影响。一些人类学家接受了社会学家（特别是涂尔干）的思想，改造了原本的人类学，使人类学的事业得到了开拓。同时，人类学知识也大大影响了社会学。

吴文藻认为，中国是一个多民族国家，所以中国的社会学不仅需要人文气质，还需要看到中国多民族国家的本质，看到一个国家是由各种生业构成的。如果要研究中国，必须综合多学科的方法，所以真正意义上的社会学应该是一门综合的学问。他认为社会人类学（也就是前面提

晚年吴文藻

到的用社会学进行改造后的人类学）是进行综合的最重要的方法。

所以我们会发现，吴文藻的著述当中人类学的色彩很浓。在西方，人类学还是一门独立学科，但是它在中国往往是跟民族学、社会学放在一起的。我们的学科要不要跟西方一样保持应有的分工，或者是还像老前辈那样把它们混杂在一起？这是需要我们去讨论的。

在国际上，费孝通、林耀华、李安宅，全都被认为是人类学博士、人类学家，但是在国内往往会把他们归入社会学谱系，这是中西的一个区别。追根溯源，还是因为最初吴文藻做的社会学，在本质上就是社会人类学。

王铭铭的延伸书单

- 王铭铭：《超社会体系》，生活·读书·新知三联书店，2015年。
- 王铭铭：《超越"新战国"：吴文藻、费孝通的中华民族理论》，生活·读书·新知三联书店，2012年。
- 王铭铭：《人生史与人类学》，生活·读书·新知三联书店，2010年。
- 王铭铭：《人文生境：文明、生活与宇宙观》，生活·读书·新知三联书店，2021年。
- 吴文藻：《论社会学中国化》，商务印书馆，2010年。

费孝通笔下的江村

第二讲

差序格局

——费孝通：怎样将人生经验融入社会学的探索？

周飞舟
北京大学社会学系系主任、教授

费孝通是中国社会学的奠基人之一，他的一生跨越了三个时代，见证了中国从屈辱到崛起的百年巨变。从早期的《江村经济》到晚年的文化自觉理论，他始终以“从实求知”的精神探索中国社会的本质。他的“差序格局”理论揭示了中国社会独特的结构特征，而“各美其美，美人之美，美美与共，天下大同”的理念则展现了他对文化自觉的深刻思考，影响深远。

在本讲中，北京大学社会学系教授周飞舟将带我们走进费孝通“从实求知”的一生，梳理其学术历程与问题意识。我们将会看到，费孝通的生命历程本身就是中国社会学发展的生动缩影。

1 费孝通的人生经历与社会学理想

费孝通出生在清朝，经历了民国，然后到中华人民共和国，他的一生见证了中国变动最激烈的百年。

费孝通是讲中国社会学绕不开的人物。很多人可能读过他的《乡土中国》，这本书近几年也被列为中学生的必读书目。

费孝通的一生经历很丰富，首要原因是费孝通非常高寿，他1910年出生，到2005年去世，享年95岁；其次是因为他的一生跨越了三个时代，用费孝通自己的话来说，他的一生是“三级两跳”，费孝通出生在清朝，经历了民国，然后到中华人民共和国，他的一生见证了中国变动最激烈的百年。

就是在这一百年里，中国从一个被列强瓜分的半封建半殖民地传统帝国，到四分五裂的民国，再到统一的中华人民共和国，他的一生完整经历了中国从屈辱中站起来，到富起来，再强起来的一个过程。费孝通的人生经历，和他对中国社会认识的探索若合符契。他在自己坚守的中国社会学发展的理想中，融入了独特的人生经验和对生命的认识。我们今天讨论费孝通一生和社会学的关系，对我们学习社会学也将是非常有启发的一个事情。

费孝通出生在苏州的一个大家庭中，家中有好几个兄弟姐妹，他的父亲是一位传统士绅，而母亲接受的是新式教育，母亲对费孝通产生了很大的影响。他很早就开始接受西式教育，高中毕业后，首先在东吴大学读医科，一年后来到北京，在燕京大学开始了社会学的学习。当时燕京大学的社会学系系主任就是吴文藻。

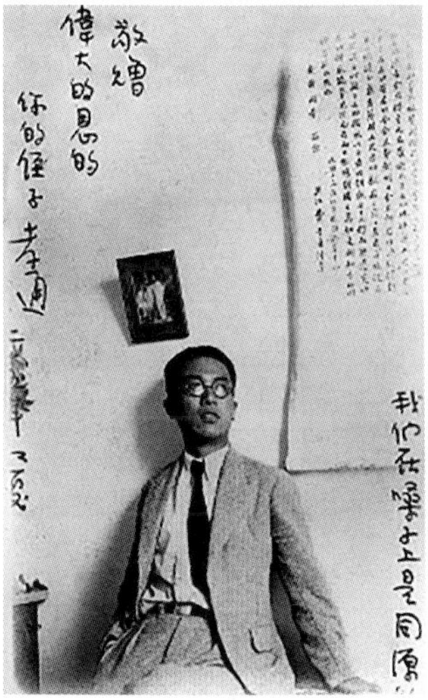

1 青年费孝通

2 燕京大学时期的费孝通

费孝通在燕京大学社会学系拿到本科学位之后去了清华大学，跟着俄国学者史禄国读人类学，费孝通从事的是体质人类学。他后来回忆说，那段时间成天就是去测量人的各种骨头的长短。毕业后，费孝通去英国读博。在出国之前发生了一些事情，他为了完成硕士论文，到广西大瑶山做人类学的田野调查，他的新婚妻子王同惠一同前往。在大山深处，他一不小心掉进了抓野猪的陷阱里，爬不上来，王同惠决定下山去叫人，结果在下山的过程中失足坠崖去世了。

费孝通最后被救出来，腿受了伤，他悲痛欲绝，最后回到老家苏州。当时他姐姐费达生在吴江县（今吴江区）开弦弓村办一个缫丝厂，他就住在这个村子里养伤。在此期间，他对这个村子做了一个月的田野调查，随后按照原来的计划去英国伦敦政治经济学院就读，导师是著名的人类学家马林诺夫斯基。

当时去英国只能选择坐船，路上要花费一个多月的时间。在船上，费孝通根据他在开弦弓村期间做的调查整理出了一个初稿，这个文稿就是后来的名著

1 20世纪30年代的开弦弓村（《江村经济》[1939年英文版]）

2 1936年，费孝通（右）与开弦弓村的孩子们合影（《江村经济》[1939年英文版]）

《江村经济》。

他把书中的开弦弓村化名为“江村”。在马林诺夫斯基的指导下，费孝通在这个稿子的基础上写成了他的博士论文。

1938年，费孝通顺利拿到博士学位，决定起程回国。当时日本大举侵华，费孝通无法在东南沿海登陆。当时北大、清华、南开三所大学南迁，在云南组建了西南联合大学，燕京大学也迁到了云南，所以费孝通绕道越南，从陆上的边境直接走到云南，终于找到他的导师吴文藻。他在吴文藻的帮助下，用马林诺夫斯基给的资助，于昆明城外魁阁组建了一个研究团队。魁阁是一个小庙，有上下两层。这个团队里有他的同事李安宅、林耀华，还有学生辈的李有义、张之毅等人，后来都成了著名的社会学家。

在社会学史上，他们被称为魁阁研究团队。

费孝通用他在马林诺夫斯基那里学到的方法，加上燕京学派的社区研究法，一边和同事们在周围的村庄里做田野调查，一边在魁阁里讨论写作。在此期间，费孝通产出了许多社会学名作，最为有名的是

《云南三村》。

这一时期费孝通还在云南大学授课，主讲农村社会学和家庭社会学。当时他每讲一次课，就会把讲义写出来，给报纸和杂志发表，最后结集出来，撰成两本书。农村社会学的那本书，就是大家熟悉的《乡土中国》；家庭社会学的那本书也很出名，叫

《生育制度》。

这是费孝通在云南做的事情。这两本书是非常重要的社会学著作，费孝通自己也很认可这两本书。

1 "魁阁"时代，费孝通（前排左一）与家人和部分学生合影

2 1980年，中国社会科学院社会学研究所成立，费孝通出任所长

中华人民共和国成立后，燕京大学并入北京大学，北京大学从现在的沙滩红楼搬到有未名湖、博雅塔的燕园。在随后的院系大调整中，社会学这个学科在全国被取消了，社会学家们被分流到了其他的学校和学科当中，开始从事劳动关系、民族、人口和法律等方面研究。

1952年，根据安排，费孝通去了中央民院，也就是现在的中央民族大学。在这期间费孝通的社会学研究基本就停滞了，一直到20世纪80年代初，在费孝通、雷洁琼和袁方的努力下，社会学恢复重建。1982年4月，北大社会学系正式成立。

在重建的过程中，怎么培训老师，怎么招收学生，社会学这个学科应该是什么样子——在这些问题上，费孝通都起到了主导性的作用。

当时费孝通的人事关系还在中国社会科学院社会学所，他是中国社会科学院社会学所的第一任所长。1985年费孝通离开了社会学所，正式转到北大，在北大建立了社会学研究所，后来改名为社会学人类学研究所，所以在2000年以前北大一直有两家社会学的机构，一家是北大社会学系，一家是北大社会学人类学研究所。系所（北大社会学系和北大社会学人类学研究所）虽是两家，但建制相通，费孝通也给两边的学生上课。2000年以后二者就合并了。

从1985年到2005年，在生命中最后的20年里，费孝通都在北大工作，他极大地影响了北大社会学乃至全中国社会学的发展。

推荐阅读

◎ “大体上可以说，我这一生经历了二十世纪我国社会发生深刻变化的各个时期。这段历史里，先后出现了三种社会形态，就是农业社会、工业社会及信息社会。这里边包含着两个大的跳跃，就是从农业社会跳跃到工业社会，再从工业社会跳跃到信息社会。我概括为三个阶段和两大变化，并把它比作‘三级两跳’。”（费孝通：《“三级两跳”中的文化思考》，载《读书》2001年第4期）

2 对费孝通产生重要影响的社区研究法

费孝通"从实求知"的意思是，现实有很多层的深度，我们要运用理论和方法，从一层进入下一层，从一层事实进入下一层事实，或者从一点扩展到多点，从多点扩展到更多点。

费孝通当年从东吴大学去燕京大学学社会学，弃医从文，多少和鲁迅先生有点像。他认为，医学只能医治人身体上的病症，但是医治不了社会的病症，也医治不了人心理上的病症。所以真正要认识社会、改造社会，还是要学社会学。

费孝通有着强烈的济世情怀，并不是为了纯粹追求知识，而是要发挥知识的作用。

这是费孝通一直以来的志向，他的学术思想、社会学理想，也和这一志向紧密相关。在费孝通去燕京大学的那一时期，中国的社会学表现出特别强烈的经世致用气质。许多社会学家在日常的教学和科研工作之外，都在做社会调查，被时人称为"社会调查运动"。

为了救中国，先要了解中国的现状，这是当时社会学家的共识。

在燕京大学，吴文藻对当时的社会调查并不满意。他认为当时的社会调查很多都止于了解情况，稍显浮泛，只能描述当下存在的问题，但对于这个问题的深层原因，即问题的症结到底在什么地方，以及应该怎么来研究，都无法回答。吴文藻在大量地吸收西方先进社会研究的理论和方法的基础上，摸索出了一套中国社会研究的方法。为区别于已有的社会调查法，他称之为社区研究法。关于社区研究法的产生，在上一讲中已经有所涉及。社区研究法背后的问题和隐含的深意也贯穿了后来费孝通社会学学术研究的主要理路，我顺着费孝通的理路再谈一下这个问题。

1 1957年，费孝通（前排右二）与调查组成员在开弦弓村

2 1957年，费孝通下乡调研时，回到儿时读书的雷震殿小学，坐在当年的教室里

3 1957年，费孝通（右）和开弦弓村的村民沈宝法（中）等观看英文版《江村经济》，扉页上有两人于1936年的合影（《江村纪事》）

费孝通认为，社区研究法和一般的社会调查的根本差别，在于前者是一个研究，而不是一个“调查”。他强调社区研究法为社会学的研究，即使说调查也应该叫“社会学调查”，而不应该简单叫“社会调查”，因为它不仅要求调查，还要求研究和解释。社区研究法的主要特色，是要选定一个有明确地理边界的社区。拉德克利夫-布朗认为，中国最好的社区就是村庄。社区研究的主要对象其实就是村庄，选定一个村庄后，再进行整体性研究。

什么叫整体性研究？整体性研究指的是，这个村庄或社区里的一切，从物质，到社会，到文化，到精神，各种各样的社会现象全都是社区研究的对象，甚至还包括过去、现在和未来的社区，是历时性的。它要求对社区的前后、左右、上下做一个彻底的研究。

在这个研究的基础上，学者们再来解释和理解社区里的现象。

社区研究法的核心在于，一旦研究到达一定的深度，就会对社区里的各种各样的现象获得不同的理解。简单走一圈，做些调查，收集资料，然后对村里或者社区里发生的事进行一番解释，是无法达到这个深度的。

吴文藻把这个方法总结为“从实地研究始，到实地研究终”，或者“以实地研究始，以实地研究终”，就是开头和结尾都落在实地研究上，而不是落在理论假设上。费孝通后来做了一个更简略的总结，叫作

“从实求知”。

费孝通“从实求知”的意思是，现实有很多层的深度，我们要运用理论和方法，从一层进入下一层，从一层事实进入下一层事实，或者从一点扩展到多点，从多点扩展到更多点。所以实地、实践和理论的关系不是一个简单的检验和被检验的关系。

燕京学派的核心方法就是社区研究法，其使用者以吴文藻为首，包括费孝通、林耀华等人，他们大都选取一个村庄或者一个社区，来做特别细致的研究，这里面成绩最突出的就是费孝通。

3 为何说中国的社会结构像“水波纹”？

《乡土中国》讲述了一种共时性的社会结构：“差序格局”。费孝通说，你把一块石头扔到水里，会产生一圈圈的波纹，中国人的社会关系结构就像水中的波纹一样，一圈一圈地往外扩散。

魁阁时期的费孝通，已经可以娴熟地运用社会学的理论和方法。他和学生张之毅钻入云南禄丰县（今禄丰市）的一个村子做调查，最终写成《禄村农田》。

《禄村农田》在社区研究的众多著作里面也是典范之作。用费孝通自己晚年的话来说，他做社区研究的作品一生一共就三本：第一本是《花篮瑶社会组织》，第二本是《江村经济》，第三本就是《禄村农田》。这是按时间顺序排的，按成熟程度排的话，费孝通认为最好的就是《禄村农田》。如果对社区研究方法有兴趣，想了解燕京学派的社区研究到底如何深入、精彩到什么程度，其实可以去看看《禄村农田》。

无论是江村还是禄村，看上去，费孝通研究的都是一个村，他在村里面无孔不入地进行记录和研究。但他不是作为一个社会学的小白去村里记录所有他看到的事情，而是作为一个受过了西方的社会学和人类学的理论和方法训练的人，在探索和思考村里各种各样的社会现象。他不仅更加了解这个村子，甚至得到了关于中国乡村乃至中国社会生活的认识，这些认识体现在他两本名著中，这两本名著一本叫《乡土中国》，一本叫《生育制度》。

这两本书其实不是社区研究的经验作品，而可以称为理论著作，讲的都是关于中国社会，或者说中国社会结构的理论。

“水波纹”般的中国社会结构

什么是社会结构？对一个社会里的人来说，就是所谓的“百姓日用而不知”，每天都按照这个做，但因为家常便饭、轻车熟路，一般人也不会去反省它，也很少会意识到它的存在。费孝通这两本书其实是对习焉不察的中国社会结构的研究和反思，来源是他的社区研究和经验，其中《江村经济》《禄村农田》起了很大的作用。

《乡土中国》讲述了一种共时性的社会结构——“差序格局”。

费孝通说，你把一块石头扔到水里，会产生一圈圈的波纹，中国人的社会关系结构就像水中的波纹一样，一圈一圈地往外扩散。

这种圈层就是中国人的社会结构，相当于中国人的“GPS定位系统”。你和人打交道、办事、克服困难，要达到自己的目的，首先要给自己定位。定位的方式就是看你的社会关系，你都认识谁，谁和你有多熟，谁和你有多好，诸如此类。圈层里最核心的部分就是至亲——父母、兄

《乡土中国》单行本初版于1948年由上海观察社发行

弟、儿女、伴侣；然后再往外扩——亲戚、朋友、同事；最外面是路人。越远的圈层越帮不上忙。

费孝通说，中国人是在这样一套结构当中生活的，每一个人都有这样的一个格局。西方人没有差序格局，而有团体格局，他们主要不是通过关系来给自己定位，而是按照团体来给自己定位。比如说，中国人说我是什么人的时候，都先说我是谁的朋友，我是谁的儿子，是以人定人。西方人不是这样，他们以团体来定人，说我是哪个组织的成员，我是哪个班的，是哪个协会的。一个人会加入很多不同的团体，在每个团体里，他和其他的团体成员都是平等的，关系都是一样的。每一个团体都是一个好的团体，都是一个共同体，在每一个团体里他都有权利，有义务，他是这样来给自己定位和生活，这叫团体格局。中西方的这两种社会结构非常不一样。

父子主轴：主要的结构关系

费孝通关于中国人差序格局的认识，其实切中了中国社会结构的要害，虽然他写的书叫《乡土中国》，其实大家也都知道，城市里的中国人也是这样来定位的。

《生育制度》这本书讲的是家庭，在费孝通看来，家庭也是社会结构的一部分，而且是最核心的部分。不过费孝通讲家庭的时候，不是像《乡土中国》那样从共时性的角度横向展开论述，而是从历时性的角度纵向剖析，不是讲某一时间点上一个人的社会关系，而是构建从过去、现在到将来的结构，这个结构就是家族，包括祖先、父母、自己、儿子、孙子，以至于未来的下一代。

《生育制度》一书谈的核心问题就是家族的传承。

《乡土中国》和《生育制度》合在一起，构成了对中国社会整体结构的描述。这是费孝通在民国时期社会学研究的理论结晶，表现了他对中国社会结构的深层认识。需要再进一步说明的是，这两种一纵一横的结构，中间有主次之分。费孝通认为差序格局是次要的关系，主要的关系其实是父子主轴。

在中国社会里面，一个人对父母、祖先的态度是一切社会关系的基础，这叫作以孝为本。所有人的第一个社会关系就是他和父母以及孩子的关系，有了纵向的关系才有其他一切关系。我们衡量一个人对其他一切关系的标准，在于这个基础关系。也就是说，在中国社会里，一个人对父母不好，或者对孩子不好，这人就是靠不住的，无论他现在对你多好，他将来都可能有问题。在其他的文化里未必如此，但是在中国文化里，中国人就是这样认为的，屡试不爽。

从社会结构的观点看，费孝通给我们启示是，你想看一个人是不是可以信赖，需要看他对自己的父母好不好，或者对自己的其他亲人、老朋友好不好，而不是看他对你这个新朋友够不够好。这是社会学的智慧，也是中国传统文化的智慧。

与此同时，民国时期大家都在讨论中国人为什么是一盘散沙，为什么老挨打，费孝通用差序格局的概念给出了自己的解释。他说，一个人可以为了自己牺牲家人，为了家人牺牲国家，为了国家牺牲天下，是一层一层的，会为了小的牺牲大的，这种自私导致了当时的中国人无法团结一致。

这和西方人不太一样，西方人是团体格局的时候，很容易形成公共领域，公私会比较分明，也比较容易团结；而中国人的公私是相对的，就是大的相对于小的是公的，小的相对于大的是私的。《乡土中国》这本书中，充满了这样的理论智慧，以上是民国时期费孝通的社会学研究成果。

4 心态为何是影响地区发展的关键因素？

在实地当中从实求知，你不能轻易地看到一个现象就上升到理论，你应该不断地追下去，一直摸到下面的所谓心态的层次。

下面再讲一下费孝通的晚年。中华人民共和国成立后，费孝通的社会学研究经历了几十年的中断，他在中央民院等几个单位都待过，“文革”期间费孝通被安排在中央民院扫厕所，他曾说他对民院的厕所最熟悉。

20世纪80年代初，费孝通恢复职位，继而帮助重建全国尤其是北京大学的社会学。在这个时期，他除了在社会学的学科建设上做了很多贡献，更是身体力行，告诉大家该怎么进行中国社会研究。当时的中国社会学学者被戏称为“老的老，小的小”：“小的”指没学过社会学，不懂什么是社会学的年轻一辈；“老的”指虽然懂社会学，但还停留在民国时期的社会学认知中的年长一辈。

1982年费孝通72岁，早在1980年他出来工作的时候就说：

“我口袋里还有10块钱，我好好想想这10块钱怎么花。”

这话意思是说他还有10年的工作时间，可以工作到80岁。后来他过80岁生日的时候，身体还挺好，他就觉得他还有10块钱，事实上不止10块钱，费孝通一直活到95岁。我们中国人说“智者乐，仁者寿”，费孝通就是属于“仁者寿”的典范。

“行行重行行”

费孝通在20世纪80年代社会学重建时期引领中国社会学的方向。他示范的社会学方法叫社区调查。社区调查和民国时期的社区研究不完全一样。我们前面说过，以前的社区研究是蹲点调查，就在这个村里蹲着不走，像今天有些人类学家做的田野调查。但是费孝通在20世纪80年代身体力行的田野调查不是这样的。

费孝通的办法是一个地方去很多次。他将自己的田野调查，总结为《古诗十九首》里的

“行行重行行”。

这个调查和以前我们说的社区研究的方法相比，有一些问题，但也有其好处。

第一个好处是适合费孝通繁忙的节奏。第二个好处是在每一次的调查中，对同一个问题的研究能不断推向深入。费孝通“行行重行行”，就能得到越来越深入的认识，我们去可能就得不到，主要原因是他坚持“从实求知”的精神。

比如：他对乡镇企业的研究很出名，他曾多次实地考察，才提出了苏南模式、温州模式、珠江模式。

最初他主要去老家苏南，发现乡镇企业发展得好，原因有几个方面：首先是地理优势，苏州离上海非常近，苏南有一些复杂的经济生态上的关系，费孝通用了芝加哥学派的“人文生态学”的理论来阐述这一观点。其次是苏南保留了计划经济时代设立的企业，包产到户的时候，没有把这些东西分掉。好几个因素合到一起，造就了苏南乡镇企业的繁荣，费孝通称之为“时势造英雄”。当时苏南是中国乡镇企业的领头羊，也是中国经济的领头羊，非常了不起。费孝通总结说，一个地方的乡镇企业要

1982年1月，在江村码头上，费孝通（右三）等人受到村民的欢迎

2002年9月，费孝通（中）第二十六次也是最后一次走访江村

发展起来，在地理上要有一些条件，在制度上也需要一些条件。但是他后来去温州，发现温州完全没有这些条件，但温州的乡镇企业也发展得很好。温州的企业被称为“红帽子企业”，它实际上不是集体企业，而是“戴了集体帽子”的家庭私营企业。

当时费孝通自己很受震动，他思考为什么这个地方的乡镇企业这么繁荣，却没有苏南地区利于乡镇企业发展的那些好条件。这就是费孝通的“行行重行行”，他在社区研究基础上，自己总结为“类型比较法”或者是“社区比较法”。

费孝通不像一般的比较那样做表面的持平之论：这个地方有这样的条件，那个地方有那样的条件，结论就是应该因地制宜，应该发展符合当地实际条件的产业。他没有停留在温州和苏南两个地方的历史条件、地理条件、自然条件、人文条件、经济条件的差别上，而是继续往下深挖，从实求知，在更深层把这两种模式连在一起。

在不断深入研究的过程中，他发现其实苏南的集体企业里有家庭企业的影子，而温州的家庭企业里面有集体的影子。什么意思呢？苏南的乡镇企业名义上是集体产权，但是实际上更像一个大家族。企业从来不随便开除工人，你只要是集体的一分子，你就可以来这里工作，来这里上班。它的分红方式、管理和运营方式很像传统的家族，人人有份，用费孝通的话来讲就是“有福同享，有难同当”，这不是产权的逻辑。

而温州的企业，看上去是一个个的家庭私营企业，却有很多企业联合在一起，叫“经济结义”，类似于桃园结义，它们的联合方式又很像苏南的集体企业。

费孝通从实求知、“行行重行行”的研究，往往能在不同的地区里找到共通的东西，不是表面上的类似，也不是制度上或组织上的同构，有些甚至从表面上看是非常不同的，但他能洞察更加深层的共通之处——这就是费孝通后来所讲的心态。他说：我以前研究的就是地方的生态关系，谁依赖谁，从谁那得到什么，谁帮助了谁，谁损害了谁。这只是社会结构的一个层次，还有一个层次是心态的层次，这个词借用了当年在清华他的俄国导师史禄国的说法，英文原文叫psycho-mental complex。

这是一个很复杂的词，费孝通把它翻译得很简单：心态。他说：

在实地当中从实求知，你不能轻易地看到一个现象就上升到理论，你应该不断地追下去，一直摸到下面的所谓心态的层次。

“结义”一词讲的就是人们的一种心态，“有福同享，有难同当”讲的也是一种心态，你不觉得结义就是“有福同享，有难同当”的意思吗？

在这个意义上，费孝通把苏南和温州两种模式打通了，心态成为他的社会学研究的核心。在此之后，费孝通的研究方式、学术理路开始更新，他对社会学的看法也发生了一些变化。20世纪90年代，他在之前研究的基础上提出了文化自觉的理论。

5 费孝通的文化自觉理论

"文化自觉"指生活在一定文化中的人对其文化有"自知之明"，明白它的来历、形成过程、所具的特色和它的发展趋向，不带任何"文化回归"的意思，不是要"复旧"，同时也不主张"全盘西化"或"全盘他化"。——费孝通

文化自觉理论是费孝通在不断"行行重行行"的社区比较研究的基础上提出来的，它不是一个纯粹的文化理论，而是在社区研究方法、社区比较法里面反复摸索得到的。他觉得社会学应该使人们变得自觉，自觉那些原来不自觉的东西，这是文化自觉论的核心。社区研究要从社区的生态层面进到社区的心态层面，这不容易，但这是社会学要做的，也是费孝通晚年的研究重点。

文化自觉论的提出有一个过程。20世纪80年代，他还是抱着早年"学以致用"的态度来做研究。"我学社会学就是要有用，对中国社会要没用我就不学了"，这是他在回答一个外国人对他的访谈时说的原话，很多人觉得这是不是太功利了，真正的知识其实不讲究有用和没用的。但费孝通不这么认为。他在80年代"行行重行行"，到处调查乡镇企业、小城镇发展，调查民族边区的开发，跑遍了大江南北。他说：

我的目的不是为了做研究，我是志在富民，我就是看到苏南的农民生活得好，就想让其他地方人们的生活和苏南一样好，这就是我的想法，

我就是要干这个，我的研究也是研究为什么这个地方好，那个地方没好。所以他就特别想把苏南的经验推广到苏北去，推广到比如内蒙古、西北地区，晚年的费孝通之所以全国跑，"行行重行行"，就是抱着这样一个想法。

但到了20世纪90年代，他自己总结说：我需要反思我的研究，苏南的东西为什么到了苏北就变了样，真的就是没用。你从表面上看，完全可以放过去，它就是一个制度安排，放过去应该就会起作用，结果你发现在实践当中，你就放不过去，或者放过去就变了。到底是什么导致的？你也是人，我也是人，你也想挣钱，我也想挣钱，你也是中国人，我也是中国人，为什么？这个东西在你那里能挣钱，来到我这里就挣不了钱。

通过比较苏南模式和温州模式，费孝通发现，其实决定一个地方经济和社会形态的，是那个地方的人的心态。这个地方可大可小，这些心态外人看不出来，里面的人好像知道，但是又说不出来，是人与人之间不言而喻的"言外之意"。

这个心态不只农村里有，城市里也有，一个组织、一个公司甚至一个办公室都有，人人都知道，外人就不知道，你和外人说也说不清楚，但你就知道一件事应该怎么办，一件事怎么就弄不通，怎么就办不了、行不通。

他说社会学就得进到这个层次，需要摸到其中微妙的心态，这就要靠他讲的文化自觉论，这是费孝通晚年的讨论，其实是从他志在富民、"行行重行行"，以及全国到处跑的这个过程当中，得到的一个结论。

这个结论很重要，他说：我过去的研究有问题，只见社会不见人，只研究社会生态了，没研究人本身，不知道这个人心里怎么想的，我不能同情与理解这个人，我在他面前对他做研究，我只是一个外人。我像研究一个物体一样研究他，我没有将心比心地来理解他的状态，这样的研究就不能够深入，不能够摸索到那些人与人之间不言而喻的心态层面的东西。这是费孝通到了20世纪90年代的研究结论。他说，

什么叫文化自觉？文化自觉就是人要有自知之明，要明白自己是怎么来的，自己到哪里去。

（从左到右依次为）费孝通夫妇与潘光旦、吴文藻

他甚至把以心态论为基础的文化自觉论扩展到了中国文明的层次上。你需要明白中国的文化，才能明白中国人的心态，你只熟悉西方文化和西方社会学理论是远远不够的，你理解不了中国的社会现象。

2003年，费孝通在《北京大学学报》上发表了一篇文章《试谈扩展社会学的传统界限》，这基本上是他最后一篇论文。这篇论文在社会学圈里非常有名，它是由一位93岁高龄的学者发表的，太了不起了，可谓费孝通一生社会学研究的思考和总结。

文章里谈的核心问题，回到了当年他在燕京大学上学的时候，倡导社区研究的吴文藻提出的社会学中国化的问题。社会学作为一门外来的学问，吸收了大量的西方理论和方法。这些理论和方法作为养分，不断地滋养着中国社会学这棵树。不过这棵树最后开出的其实是中国文化的花朵，结出的是中国社会学的果实。只有这样，你才能理解中国人的心态层面的东西，才能至少摸到人与人之间不言而喻的地方。那些东西到底是什么？要得出答案，需要社会学的洞察力和想象力，需要长年不断的思考和研究。

我认为这是费孝通晚年的研究总结，他晚年的研究和思考就凝结在这篇文章里。他对早年的研究也做了一些反省，比如“差序格局”这个概念，他在几十年的时间里都没提过这个词，直到在这篇文章里重新提及。最早他用“差序格局”来解释中国人为什么自私，但在晚年的这篇文章中，他认为这种差序的社会结构，使中国人能够推己及人，是由自己想到别人的一个最好的思维路径。我们想到别人，不是首先想到和你离得最远的人，而会先想到自己身边的人，由身边的人再想到外人，再想到更外的人，我们就是这样一层一层地往外想的。

晚年的费孝通谈中国人怎么做人。正如前文提到的，中国人判断一个人是不是好人，首先会观察这个人是否对身边的人好，这是中国文明的一个核心思维。费孝通的社会学研究最后探讨的就是这样一个问题，这个问题回到了“写在前面”里提到的当年社会学先哲，马克思、韦伯、涂尔干那些人的雄心抱负上来。当时社会学研究的核心问题正是怎么在一个文明中做一个人。

用费孝通晚年的话说，

社会学研究的，就是一个人怎么在社会里面做人的问题。

你要想做好人，就需要了解社会；你了解了社会，才知道你怎么做人；我们一定不能离开人来空谈社会，这是费孝通文化自觉论的核心要义。他晚年提的四句话很有名，大家都知道：

“各美其美，美人之美，美美与共，天下大同。”

这四句话，很多人就只讲后两句，但只讲后两句就不是社会学，社会学一定是四句话都讲，一定是从“各美其美”开始。

孔子说“为仁由己”“推己及人”。你先得有自己，才能够由自己想到别人，“各美其美，美人之美”，“美人之美”就是推己及人，然后顺着这样推己及人的路径往外扩展，才有“美美与共，天下大同”。

这是一个次序，一个有着本末、先后的次序，次序就是中国人说的道。中国人说“率性之谓道”，道的意思就是路，路就是一个纵向的次序链条。路要一步一步走，做好人也是一步一步做的，有一个先后次序。

费孝通的社会学指出的就是这样一条道路，他的生命历程本身就体现了社会学的发展，而不单是他的研究。他晚年从志在富民到文化自觉，他的人生境界、他做的事情就像中国以前的圣贤一样，行在一条大道之上。

费孝通的社会学是以身示范的社会学，不是单纯的著作社会学，我觉得这是费孝通对于社会学最大的意义和价值：从来都是身教重于言传。他自己的生命历程就是中国社会学发展的一个缩影。

周飞舟的延伸书单

- 费孝通：《江村经济》，生活·读书·新知三联书店，2021年。
- 费孝通：《禄村农田》，生活·读书·新知三联书店，2021年。
- 费孝通：《生育制度》，生活·读书·新知三联书店，2021年。
- 费孝通：《乡土中国》，北京大学出版社，2012年。
- 费孝通：《行行重行行》，生活·读书·新知三联书店，2021年。

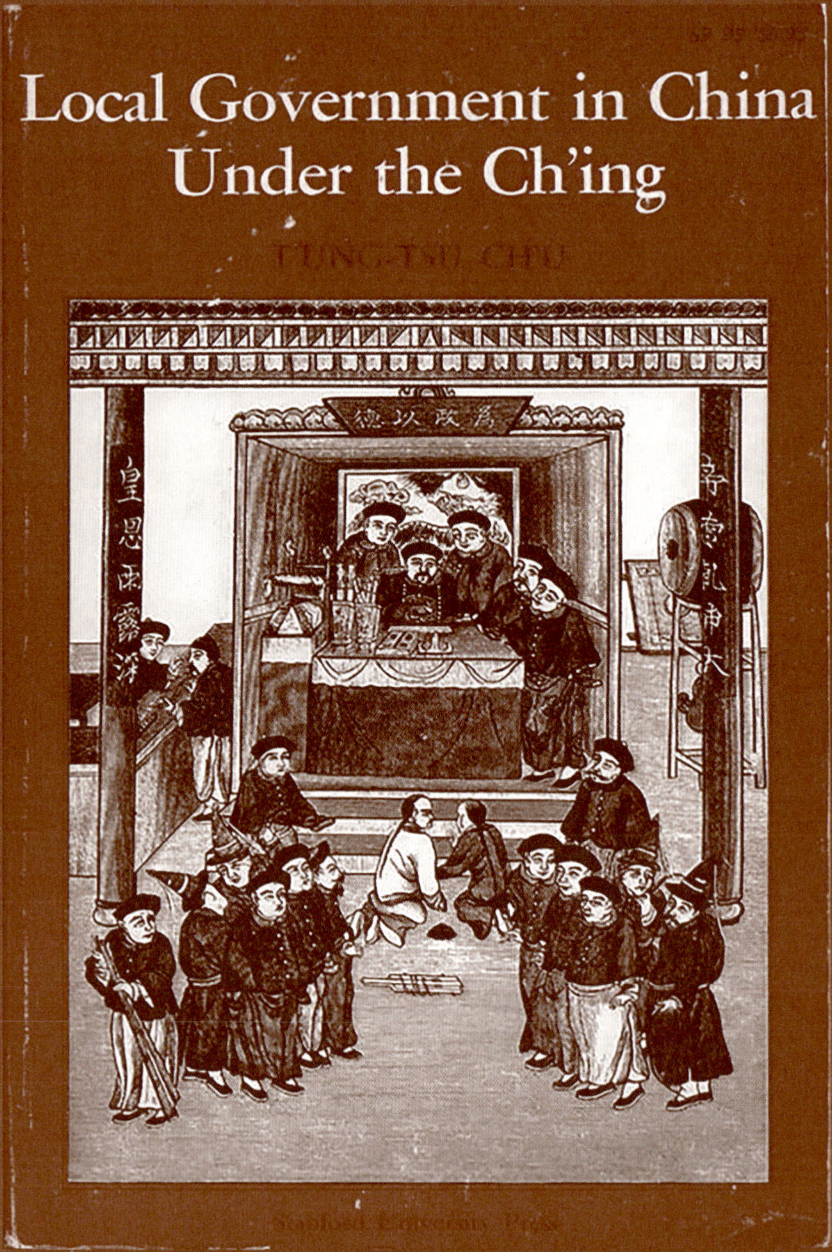

1962年，瞿同祖的英文著作《清代地方政府》（*Local Government in China under the Ch'ing*）由哈佛大学出版社出版

第三讲

以礼入法

——瞿同祖：儒家文化“支配”下的法律秩序

田　耕

北京大学社会学系长聘副教授

研究中国社会，法律是一条重要的路径。这不仅因为中国法律保存了大量的社会变迁信息，而且在社会学家瞿同祖看来，法律是洞察传统中国社会的关键切入点。把握住它，就把握住了古代中国社会的核心特征——“身份有别”。通过中国法律反观中国社会，我们可以更清晰地看到日常生活中那些具有默会性的关系互动和情理是如何影响社会运行的。

在本讲中，北京大学社会学系长聘副教授田耕将通过讲授瞿同祖的《中国法律与中国社会》，带我们了解法律如何像纽带一样，关联起家族主义、阶级分别，并实现“身份有别”这一核心目标。

1 法制档案里的中国古代社会

秦汉一段，是无所谓法律儒家化的时代；汉至晋，是法律儒家化发展的奠基时代；晋至唐，法律儒家化的形态达到了巅峰；唐以后直至明清，是最后的“儒法折中”时代。

瞿同祖生于1910年，因为家学渊源，他在很小的时候就打下了国学的基础，1930年以优异的成绩保送燕京大学。大学期间他专研西学，特别是西洋史的研究，对政治史和经济史也广泛涉猎，最终醉心于社会史，确立了一生的志业。

在燕大的这段求学经历深深影响了瞿同祖后来的学术进路。他曾在《我和社会史及法制史》这篇文章中写道：

> 我初入燕大时虽主修社会学，研究方向却未确定。最初想专攻农村社会学，后逐渐转向社会史专业。吴文藻先生除了开设课程外，并在《社会学界》《社会学刊》《社会研究》等刊物上发表了多篇论文，向国内读者介绍关于德国社会学、法国社会学、功能派社

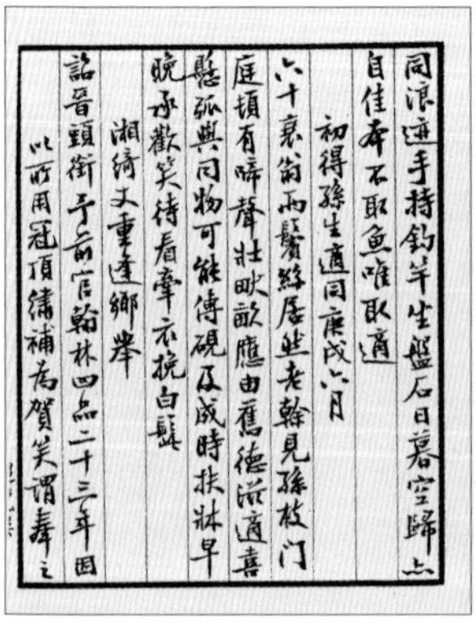

> 会人类学、社区研究等学科的发展和趋势。他的另一贡献是根据本系学生的才能和兴趣，择优培养了一批人才。学生到欧美何校深造、跟从哪一位导师学习，都作了精心的安排和推荐……吴师因我古文有相当根底，对中国历史也有一定的基础，便决定培养我专攻社会史。

在吴文藻的推介下，瞿同祖了解到了英国的历史法制学派。他读到了维多利亚时期著名的学者梅因的重要著作《古代法》和《早期制度史》，也有保罗·维诺格拉多夫的《历史法学导论》，特别是罗马史学者的著作。受其影响，瞿同祖对于法制的演化产生了特别的兴趣，他在燕大的学士学位论文和硕士学位论文中谈论的都是中国古代的政教制度。

1 2 3

1 瞿同祖因与其祖父瞿鸿禨同为庚戌年出生，所以名“同祖”。祖父还专门写诗纪念瞿同祖出生：“六十衰翁两鬓丝，居然老干见孙枝。门庭顿有啼声壮，畎亩应由旧德滋。适喜悬弧与同物，可能传砚及成时。扶床早晚承欢笑，待看牵衣挽白髭。”

2 瞿同祖

3 瞿同祖的硕士学位论文

梅因

Henry James Sumner Maine，1822—1888

英国古代法制史学家，19世纪历史法学派在英国的主要代表。梅因认为，从习惯法发展为成文法典，是古代社会法律发展的共同特征，但此后人类社会就分为静止的社会和进步的社会。以印度为代表的东方社会是他所谓的“静止的社会”，它停留在古代成文法典阶段而不再改进；以罗马法和英国法为代表的西方社会，则超过古代成文法典阶段而继续改进法律，以适应社会的需要。梅因最知名的一个观点是：所有进步社会的运动，迄今为止是一个"从身份到契约”的运动。

保罗·维诺格拉多夫

Paul Vinogradoff，1854—1925

俄裔英国历史学家，历史法学代表人物之一。他主要研究中世纪史、法制史以及史学方法论。他在《法制史基础》第一卷中研究了早期印欧民族的法律史，确定了法学与逻辑学、心理学、社会学及政治理论的相互关系；并在第二卷中延续了他早期关于希腊城邦的法制思想，认为城邦政权取决于城市社会的本质；第三卷原计划写中世纪西欧法律史，未果。

他是最早关注中国封建制度的学者之一。

在这一过程中，瞿同祖开始重新理解中国古代社会的制度及其演化。今天回头看，瞿同祖也许是中国最早有明确的历史社会学眼光的学者，他撰写的《中国法律与中国社会》正是历史社会学领域的代表作。他很早就意识到：

> 法律与社会的关系极为密切。因此我们不能像分析学派那样，将法律看成一种孤立的存在，而忽略其与社会的关系。只有充分了解产生某一种法律的社会背景，才能了解这些法律的意义和作用；也只有考察法律在社会上的运用，才能了解法律的实施情况。我书便是运用上述观点，将法律与社会结合起来予以研究的一个创新的尝试，故命名为“中国法律与中国社会”。它既是一部法制史，也是一部社会史。（瞿同祖：《我和社会史及法制史》）

在《中国法律与中国社会》1947年初版的序言中，瞿同祖提到，这本书动笔于1939年，在1944年他出国前就基本完成了。在燕大的学术经历决定了瞿同祖的写作意图和这部著作的行文方式。1961年，英文版出版，瞿同祖只是加入了一篇探讨“法律儒家化”（confucianization of law）的论文（《中国法律之儒家化》），除此之外，基本上维持了该书的原貌。

《中国法律与中国社会》这本书，特别是其英文版的出版，对海外的中国研究影响非常大，立志从法治史的角度研究中国古代社会的学者，有相当一部分人是从瞿同祖的这部著作开始学术研究的。

我们今天看到的一系列书评，基本上来自海外中国史的名家。这部著作首先是在海外的中国研究领域引起集中的讨论，然后才受到国内的重视。

该书的第一个重要贡献是，

瞿同祖首先大量使用了古代典籍中的法制文献。

瞿同祖对古代中国的典籍非常熟悉，他在这本书里广泛地使用古代政书和典志，对书中的论点加以佐证，为后来进行法制史研究的学者做出了非常重要的开拓性示范。

该书的第二个重要贡献是，

它系统地阐述了一个核心观点："礼"的概念、制度，怎样通过刑治的手段加以实现，并造成什么样的后果。

这部分的论证，对于有志于探索古代中国法律体系的学者有非常深远的影响。

该书的第三个重要贡献是，瞿同祖在中国法律的历史沿革中，明确论证了一条主线：两汉魏晋，是法律儒家化的开端；唐律是法律儒家化最明确的高潮，唐律充分实现了

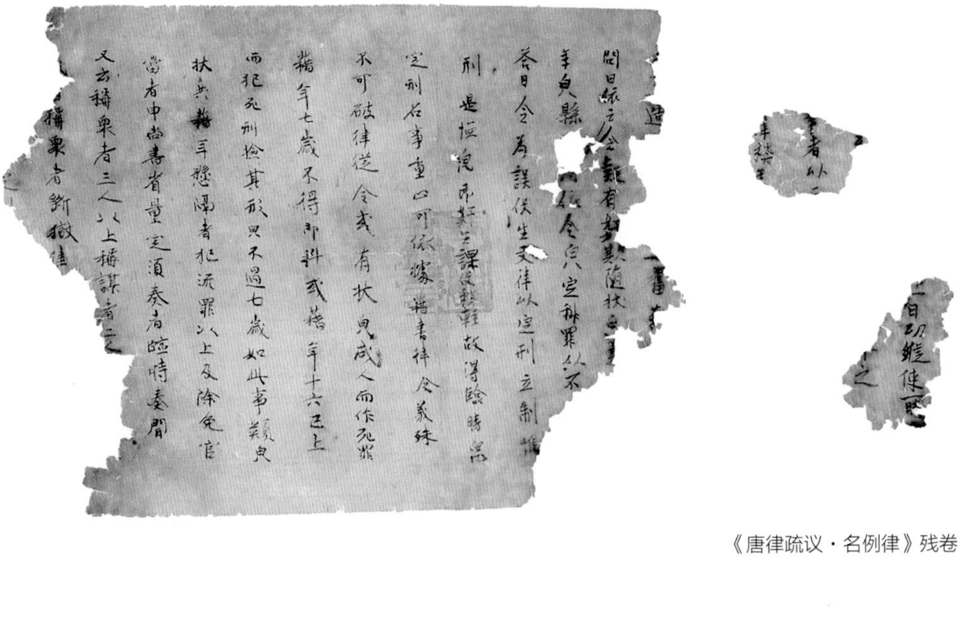

《唐律疏议 · 名例律》残卷

“以礼入法”的核心观念——“有别”。

唐律所奠定的制度和观念，深刻影响了唐以后中国法律的发展，一直到明清，莫不如此。所以瞿同祖在这本书的结论里认为，离我们越近的时代，以礼入法或法律儒家化的形态越复杂、越完整；而离我们越远的时代则越是法律儒家化草创期，它和我们今天所认知的观念有非常多的不同。

在这样的一个历史演进的框架之下，瞿同祖大致把中国的法制演化史分成了四个阶段：秦汉一段，是无所谓法律儒家化的时代；汉至晋，是法律儒家化的奠基时代；晋至唐，法律儒家化的形态达到了巅峰；唐以后直至明清，是最后的“儒法折中”时代。

法制史的结构是不是如瞿同祖所说的那样严整，并维持了非常长时期的稳定性？他在结论里对这一观点深信不疑，而在他之后的法制史研究者，对这种结构性强的稳定观念，抱有许多怀疑。在进一步的研究中，他们进行争论、修正，推动了这一领域的学术发展。

总之，瞿同祖是燕京学派里特别重视历史分析的一位学者，也是20世纪社会学领域具有代表性的学人，他学贯中西，开创性地运用法制文献的做法，对20世纪中期以后的中国社会学，产生了广泛而深远的影响。

接下来我们就进入《中国法律与中国社会》这本著作，去仔细看一看瞿同祖的重要论述和精彩论证。

推荐阅读

◎ 瞿同祖：《我和社会史及法制史》，见《家学与师承：著名学者谈治学门径》（第一卷），张世林编，广西师范大学出版社，2007年。

◎ 瞿同祖：《中国法律之儒家化》，见《国立北京大学五十周年纪念论文集》（文学院第四种），北京大学出版部，1948年。

2 法律儒家化如何实现“身份有别”？

法就像一个流动的媒介，或者是一个充满变动的手段，游走在德治和刑治、家族主义和阶层分别之间。

研究中国社会的路径多种、手法多样，从法律入手有什么样的特别之处？这个问题贯穿《中国法律与中国社会》全书。从直观的角度来讲，中国法律保存了大量独有的社会变迁的信息，所以从法律的变化入手，等于是从指示社会变化最重要的一个记录入手。

材料的丰富并不是瞿同祖写作这本书最重要的理由。在他看来，法律是反观中国传统社会的一个关键，把握了它，也就把握了古代中国社会最重要的理想——“身份有别”。“有别”这件事情，是儒家对于良善秩序的一个重要认知。儒家不仅通过礼制的教化影响人的观念，从而塑造人们对于家族中的尊卑、长幼、亲疏，以及阶级方面的贵贱、贤与不肖等的认识，还使用间接的手段，也就是刑罚或刑制，来贯彻身份上的分别。中国法律在这方面有着渗透之功——它实际上是达成礼的观念意义上“有别”这一目标的另一大推力。

通过中国法律来认识中国社会，正是认识上述间接手段的关键。

《中国法律与中国社会》分为六章，前四章主要谈了两个最重要的对象：家族（第一章、第二章）和阶级（第三章、第四章）。瞿同祖认为二者是“身份有别”这一概念的代表。

第五章、第六章，是非常具有理论色彩的研究，特别是第六章，提出了本书最广为人知的一个说法，即法律儒家化，或者说以礼入法。许多法制史学者，往往都是从瞿同祖在第六章以及附录《中国法律之儒家化》里提到的说法开始自己的论述。所以第六章和附录实际上是对全书的一个总结，它的论述超出了瞿同祖在实证部分所涉及的范围，可以说是瞿同祖对他写作本书未尽之意的一次集中表达。

整本书的内容我们简化一下，可以分为三个层次。

第一个层次，是

“作为制度的礼”。

瞿同祖认为礼的核心在于“有别”，这是中国古代社会治理的一个最高目标，至少是儒家对社会秩序的一个统一认识。

从礼的制度到“有别”的目标，中间还有很多空白，也是本书试图填充的部分。他的研究告诉我们，要贯彻这个制度，从而达到“有别”目标，有德治、人治、刑治三种方法或途径。传统观点是，如果遵从礼，那么就应该大力提倡德治。不过，在瞿同祖看来，其实在汉代以后，德治和它的替代者或竞争者刑治之间并非不能共存，而是发生了很多调和，这是反观中国法制史的一个重要角度。

他认为，在礼作为制度的观照下，存在着德治和刑治这两种方法之间的协调。汉代以后的儒家并不认为刑治是对礼的秩序的挑战，相反，他们在很多情况下接受刑治，甚至强调刑治对于贯彻礼制的必要性。这是该书论述的关键。

德治和刑治的并用，并不是没有目的和方向性的。它的方向性在哪里呢？这是该书第二个层次的主要内容，

即贯彻礼作为制度所开出的身份区别的方向。

这个身份区别要求尊卑、长幼、贵贱之间，对彼此都要尽到自己的职分。

这个方向是如何体现的？瞿同祖在前四章探讨家族和阶级的实证分析部分做出了透彻的展示。这本书实际上是在作为制度的礼和作为目标的“有别”之间的中间地带进行论证的。家族主义和阶级分别，揭示出为何刑治能够成为贯彻礼的不二手段。

我们简化一下：

法就像一个流动的媒介，或者是一个充满变动的手段，游走在德治和刑治、家族主义和阶级分别之间。

那么谁来驱动流动的媒介，谁来在不同的历史时期唤起这个变化？这就进入了该书的第三个层次，瞿同祖认为在熟读经书的儒家或者读书人中，那些充满兴趣地看待刑罚和刑律问题的人要做两件事情：第一，精研刑律本身，在古代，

注律和注经一样，都是阐释根本法、根本规则含义的一个行为。

第二，积极参与到司法过程本身。我们对此就更为熟悉，读书人出仕做官，无论是到基层做州县官，还是一直往上，在各级政府一直到中央的部院里司职，都可能遇到处理司法案件的情况。他要把自己在读书以及读律、注经、注律中学到的学问，用到切实的断案中去，做出一个公认的比较公正的判罚。

所以注律和判案这两个行为，实际上是读书人参与法制建设和司法的过程。律法在不断的解释和使用中，其能动性得以释放，法制史因之产生了瞿同祖在书里所研究的那些变化。

总结一下，从结构上来看，这本书实际上讲了三个层面的内容：礼作为制度，德治、刑治作为手段；它们在家族与阶级这两个身份差别里得到贯彻，最终实现“身份有别”的善治目标；通过读书人注律和参与司法判决，制度逐渐演化。

其中，瞿同祖在家族主义和阶级分别这两个主题上集中了非常精彩的论述。下面我们来看一看。

3 家族“尊卑有别”如何影响加减刑？

亲属之间的侵犯行为被认为除了带来财物或人身伤害，还有一种潜藏的伤害——对亲属关系也就是人伦的伤害，这个伤害同样重要，并且会被当作判案的依据。

《中国法律与中国社会》前两章的研究对象可以笼统地称为“家”，中国人对“家”这个字有复杂的情感，不同的作者赋予它的含义也各不相同。瞿同祖这里所讲的家，是一个经学意义上的家，它取自宗法，更强调宗族的含义。

与他同时代的社会学家如何看待家这个概念？这里介绍瞿同祖的两位同岁同学的观点。一位是大家熟悉的费孝通，前文有老师介绍过他的《生育制度》。巧合的是，《中国法律与中国社会》和《生育制度》都收在吴文藻先生创办的

《社会学丛刊》

里，出版的时间也大致相同。费孝通在《生育制度》中讲的家，更接近我们今天熟悉的小家庭，费孝通研究了其中父、母、子的三角关系。另一位是林耀华，在留美即将回国之前，他用在硕士期间调查福建老家所得的材料，写成《金翼》一书。这本书用英文出版过两次，它的写作方式、语言、主题都深受一代代读者喜欢。这本书里面讲的家实际上是一族的族人，族里各房的人在命运流转里面沉浮，林耀华在追溯这个家所经历的分合的过程中，探索人的关系、人的命运。

我用这两个例子是想表明，即使同在燕京大学学习、同岁，而且经历有类似之处，他们对家的着眼点也有很大的差别，这种差别恰恰是我们今天应予以重视的，因为它丰富了我们对家这样一个中国人特别珍视的社会制度和栖身之所赋予的含义。

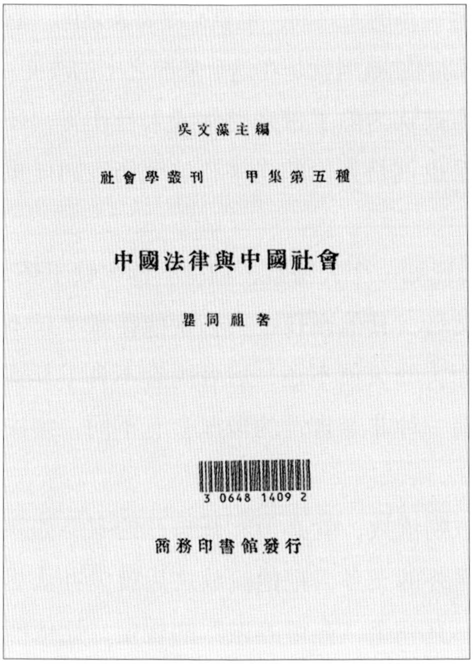
吳文藻主編

社會學叢刊　甲集第五種

中國法律與中國社會

瞿同祖著

3 0648 1409 2

商務印書館發行

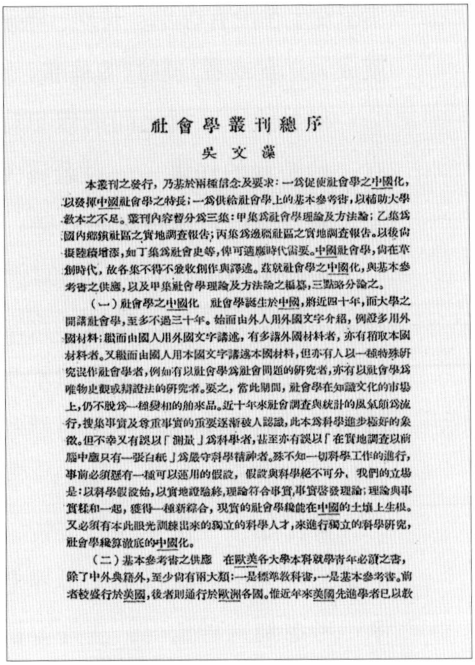
社會學叢刊總序

吳文藻

本叢刊之發行，乃基於兩種信念及要求：一為促使社會學之中國化，以發揮中國社會學之特長；一為供給社會學上的基本參考書，以補助大學教本之不足。叢刊內容暫分為三集：甲集為社會學理論及方法論；乙集為國內鄉鎮社區之實地調查報告；丙集為邊疆社區之實地調查報告。以後尚擬陸續增添，如丁集為社會史等，俾可適應時代需要。中國社會學，尚在草創時代，故各集不得不兼收創作與譯述。茲就社會學之中國化，與基本參考書之供應，以及甲集社會學理論及方法論之編纂，三點略分論之。

（一）社會學之中國化　社會學誕生於中國，將近四十年，而大學之開講社會學，至多不過三十年。始而由外人用外國文字介紹，例證多用外國材料；繼而由國人用外國文字講述，有多講外國材料者，亦有稍取本國材料者。又繼而由國人用本國文字講述本國材料，但亦有人以一種特殊研究誤作社會學者，例如有以社會學為社會問題的研究者，亦有以社會學為唯物史觀或辯證法的研究者。要之，當此期間，社會學在知識文化的市場上，仍不脫為一種變相的舶來品。近十年來社會調查與統計的風氣頗為流行，搜集事實及尊重事實的重要逐漸被人認識，此本為科學進步極好的象徵。但不幸又有誤以「測量」為科學者，甚至亦有誤以「在實地調查以前腦中應只有一張白紙」為嚴守科學精神者。殊不知一切科學工作的進行，事前必須懸有一種可以運用的假設，假設與科學絕不可分。我們的立場是：以科學假設始，以實地證驗終，理論符合事實，事實啟發理論；理論與事實糅和一起，獲得一種新綜合，現實的社會學纔能在中國的土壤上生根。又必須有本此眼光訓練出來的獨立的科學人才，來進行獨立的科學研究，社會學纔算徹底的中國化。

（二）基本參考書之供應　在歐美各大學本科就學青年必讀之書，除了中外典籍外，至少尚有兩大類：一是標準教科書，一是基本參考書。前者較盛行於美國，後者則通行於歐洲各國。惟近年來美國先進學者已以教

1 2

1 瞿同祖《中国法律与中国社会》书影，该书是吴文藻主编的《社会学丛刊》之一种

2《社会学丛刊》总序

瞿同祖对家进行了界定：它不是一个同居共财的单位，也不是国家要予以课税或征服劳役的单位，而是服从于父权意志的一个共同生活的范围。

瞿同祖认为，我们在家的范围里看到的尊卑差别，实际上也被法律这个公器所间接体现出来。第一章第三节以下的内容，主要是讲家里的尊卑、长幼、亲疏等关系如何成为在审判刑案时加刑和减刑的依据。

通过分析在同等情况下，什么样的罪名会因为亲属关系而获得加刑，而什么样的罪名又会因为亲属关系而获得减刑，就可以看出家族主义的核心原则是怎样在法制或刑治中体现出来的。

司法判决里非常复杂微妙的加减刑，首先要确立一个基准。如果一个

案子发生在没有尊卑、长幼、亲疏等关系的人之间，也就是平常人之间，它就成为立案或者是刑判的基准。所谓的加减刑就是在这个基准之上的改变。

很显然，亲属之间的侵犯行为被认为除了带来财物或人身伤害，还有一种潜藏的伤害——对亲属关系也就是人伦的伤害，这个伤害同样重要，并且会被当作判案的依据。

瞿同祖举了许多精彩的案例。比如一个人嗜赌，债主告他欠钱不还，和家中的亲老（比如舅舅、直系父母、其他亲长）去告发他，意义是不一样的。前者当然是就事情本身而言的欠债不还，后者则有不肖（其实是不孝）的含义在其中，当然和前一种非亲告发的情况会有不同，判决时量刑要适当加重。

再比如，一位年轻的被告，被判流放，就必须离开自己的家。如果他是家中独子，有侍奉父母养老送终的义务，把他流放之后就没办法尽孝。考虑到这种情况，法外容情，有一个“存留养亲”的规定，让他能够留在父母的身边，有尽孝的机会，而不至于废弃掉重要的人伦义务。这是一个可以成立的减刑理由，毕竟，如果按照原判，他就会被剥夺尽孝的可能，会对亲情造成另外一种伤害。

同样的道理，不告发自己的亲长也情有可原。瞿同祖举例说明，在亲属关系内部，如果有人真的出首，主动揭发犯有罪案的亲长，虽然所言非虚，但这个行为本身是对亲属关系或人伦的一个伤害，这种伤害要反映在司法中；与此同时，被告发的人即使作奸犯科，无可抵赖，也能获得某种减刑。因为他是被自己的亲属告发，成为在伦理上受到伤害的人，这种伤害是被法律所认可的。

可以看到，

在司法实践中，中国律法除了要对行为本身及其法律后果进行判定，还要考虑在一个涉及法律的过程里，亲属关系本身所受到的影响。

尊卑、长幼、亲疏的伦理是被伸张了，还是被扭曲了，是被维护了，还是被破坏了？这是司法需要考虑的另一个层面的内容。

如此一来就会出现某种悖论。大家可以思考一下，比如你作为晚辈，知道长辈作奸犯科，按照我刚才所说的制度，你有可能故意去告发。从后果上来讲这是不孝，但可能为为恶者争取到减刑。同样的，如果尊亲属对于自己的晚辈的确有伤害的行为，不管是言辞、肢体或者是其他财物上面的，那么按照这种制度，他也可能会获得减刑。

减刑的依据，实际上正是瞿同祖所说的“有别”。

瞿同祖在这本书里除了使用律（法条本身），还借助了留存下来的各类成案（判例集）。成案有官定的，也有私人编撰的，它们记录了案情和不同级别的审判单位对案子的判断。这种判例集展现了法律的实践面向。所谓的实践，其实就是审判者对于法条的理解，以及对法条如何适用于特定案件具体情形的判断力。这一点非常的重要。

律和成案是后世法律社会学、法律史研究的一个重点。在两者的对读中，学者们可能会看到和瞿同祖此书中所描述的不太一样的图景。比如在某些特定的成案中，州县官并没有按照瞿同祖所说的尊卑、长幼、亲疏的关系在判决，对于伤害晚辈的尊亲属施加了严刑。这些案例的存在意味着学者们除了需要在律条本身的结构上考察，也需要在法律实践层面观察家族主义。

律和成案之间的区别，对法制史研究来讲非常重要。因为在很长的时间里，律很少被修改，文本保持稳定，但在实际的法律操作层面，州县官或司法官员，会援引不同的成案来进行审判活动——成案本身就是一个重要的法源。

在该书里，瞿同祖实际上较少考虑司法过程里判案者对成案的援引，也较少讨论判案者是如何挑选成案的。在司法实践中，很多判决并没有直接依据律文来量刑，而是参考了其他案件的判例。其他案件的情节如何适用于本案，这对于形成最终的判决有非常重要的影响。这是我们在阅读瞿同祖这部著作的时候需要注意的。

而此后无论是法律社会学还是法制史的研究，在这个层面都有很多重要的进展。它们都和瞿同祖的研究有千丝万缕的实质性关联。

4 缔结婚姻的各步骤如何被礼法束缚？

礼所规定的关于婚姻合法、合效、合礼的观念，需要通过法律对于婚姻的规定来间接实现。

第二章的主题是婚姻，其论证的手法和第一章也很接近，因为婚姻的活动本身也是礼的一个重要方面。

我们知道，婚姻的缔结需要经历若干步骤，这些步骤的次序、仪式、选择的时间节点都有非常明确的规定和讲究。

结婚前的提亲要有财物，这就是彩礼。彩礼是婚礼既为礼又为财的一个重要表现。前几年我们能看到有关如何遏制天价彩礼的舆论。天价彩礼这个说法有两层含义，第一层是认为这些彩礼的要价过高，不过背后还有一个更深的假设：我们有一个关于正常彩礼的预期。如何判断一份彩礼是比较实在而非虚高的，原则在哪里？这背后其实有一个双方议价、妥协的过程。

这其中并没有完整的经济规则。双方可能会参考所在地区通行的操作方法，这是一个重要的指标；不过具体到两家议定的细节，更可能是一个充满情理交换的过程，甚至可能有一些偶发的事情或判断影响定价：双方看着合不合适、顺不顺眼，双方是不是有诚意等。这个情理过程，其实也存在于瞿同祖提到的司法判决或亲属之间的关系里。

一方面，礼对于婚姻的缔结有直接的影响，它规定了什么样的婚姻是合适的，什么样的婚姻是双方都有体面的。另一方面，它还有一个间接影响，就是礼所规定的关于婚姻合法、合效、合礼的观念，需要通过法律对于婚姻的规定来间接实现。

瞿同祖这本书其实就是按照这个方式讲述婚姻的构成的。第二章第一节讲“婚姻的意义”，主要取自经学，体现了礼的直接影响。而法律对于婚姻的间接影响，则体现在婚姻缔结的各个步骤上：

> ……婚姻的目的只在于宗族的延续及祖先的祭祀。完全是以家族为中心的，不是个人的，也不是社会的。家族的延续与祖先的祭祀，二者的关系自异常密切，有时是不可分的。但就重要性而论，二者之中后者的目的更重于前者，我们或可说为了使祖先能永享血食，故必使家族永久延续不辍，祖先崇拜可说是第一目的，或最终的目的。（瞿同祖：《中国法律与中国社会》）

第二节“婚内的禁忌”，主要讲在三种情况下缔结婚姻的问题：族内婚姻、姻亲、娶亲属妻妾。从中可以看到，婚配对象的选择，其实一定程度上受到法律的限制。

民国时期，无论是北洋政府还是后来的南京政府，对婚姻改革的重点之一，就是瞿同祖这本书第二章第二节里面讲的内容。一桩婚姻是否符合文明，不只看它是否符合中国传统的婚姻礼制，而主要看它是否包含了不合适的婚配对象，比如说童养媳。所以民国的时候，婚俗调查的一个重点，就是看婚姻中是否有童养媳的情况，一旦出现就会被视为不文明的婚姻。近亲婚配同理。

这种禁忌的意义逐步凸显，后来成为判定婚姻是否应被取缔的一个重要的依据，而婚姻本身是否符合礼制反而逐渐淡化。

当然这个过程比较复杂，在20世纪以后的中国历史中，也不是一蹴而就的。

第三节是讲婚姻里夫妇关系的成立和解除。主要有三个层次：第一，夫妇双方之间情谊的维系。第二，妻在夫家，也就是妻子和丈夫的其他亲属之间的关系怎么维系。第三，夫妇两家通过婚姻连接在了一起，如果夫妇关系发生变化，那么两家人的关系会有什么变化？

由夫妇，到妻子对夫家的亲属，然后到夫妇的两家，在这个过程里瞿同祖非常详细地论证了古代法律对于婚姻的干预，特别是第六节论证

七出、义绝、协离

的内容，非常精彩，展现了解除婚姻的几种主要情形，以及每一种情形下面可能存在的状况：

> 婚姻的目的既以祖宗嗣续为重，以家族为中心，不能达到这种目的的婚姻，自须解除。所以七出的条件除窃盗一项仅关系个人的失德外，其他条件无一不与家族有关。
>
> 七出之外，离婚的另一条件为义绝。义绝包括夫对妻族、妻对夫族的殴杀罪，奸非罪，及妻对夫的谋害罪而言。夫妻原以义合，恩义断绝，断难相处，所以这些行为皆目为离婚的客观条件。
>
> 所不同者，七出为可以作为夫方要求离婚的条件，离不离，其权在于夫，而义绝则为当然离婚条件，有犯必须强制离异，其权在法律。（瞿同祖：《中国法律与中国社会》）

通过第一章和第二章的写作，《中国法律与中国社会》告诉我们，在家的构成和婚姻的构成这两个方面，法律如何间接影响礼制秩序的形成。

礼制所规定的关系，不仅有尊卑、长幼的不同，而且有远近亲疏的差别，这些都应该以成文法的方式体现在法律秩序里，这可以被视为一种同构。所以，礼所不允许的，法律就应该进行惩罚，礼需要弘扬的，法律就要维系保全，在礼的秩序里处于优越的一方，在法律里也应该受到某种保护，等等。

对此我们有一个疑问。根据同构论，家国如果同构，那么君父也会同构，也就是说家长的意志也会得到君主的根本的认同（因为君主是公法秩序的最上层）。

不过，在社会学的分析中，并不一定是这样的。比如林耀华分析的基层社会。在地方，一个房长也好，一个族长也好，他的意志可能和法律秩序是相悖的，这是在管辖权的意义上进行的分析。族长所下的命令、进行的选择、施加的惩罚，并不见得和法律相同，甚至很有可能会僭越法律给予他的权限。这个时候二者实际上是有冲突的。宗族的权力可以构成法律不入之地，一旦打开缺口，法律进入之后，族长的管辖权可能就会丧失。所以在管辖权的意义上，家国之间是有冲突的，二者之间并不会完全同构。

要特别提醒的是，瞿同祖在这本书里完全采取制度和观念的分析，他所说的家长权和家长意志也不是从管辖权意义上来讲的，所以他并没有考察双方之间出现矛盾冲突的状况。历史人类学和社会史对这方面有非常丰富的研究，它们一方面强调礼和俗之间的差别，另外一方面强调具体管辖权之间的纷争，比如基层政府对宗族长的管辖权的限制，或者宗族长之间就具体族人的管辖权或具体方面的管辖权之间的竞争。

礼和俗之间的关系之所以特别重要，是因为在20世纪法律转换的时代，瞿同祖在书中第一、第二章里所讲的内容，包括有效的婚姻、有效的继承、有效的监管监护权等，经历了重要的立法和司法的变化。

例如在财产继承权的研究中，很多研究清末民国法制史的学者都指出，一旦大理院根据亲等关系来判定谁是合法的继承人，就相当于否定了族内所指定的财产继承关系。

在法律史的研究里，无论是依据北洋政府的判决，还是依据诸如“龙泉司法档案”里的判决，都有非常精彩的研究。除了资料方面的不同以及写作时间的先后差别，更重要的是他的分析路数与今天的研究有很大的差别，瞿同祖主要对法制材料进行了一种观念化的操作，所以它不是在一个完整的司法案例基础上的研究。

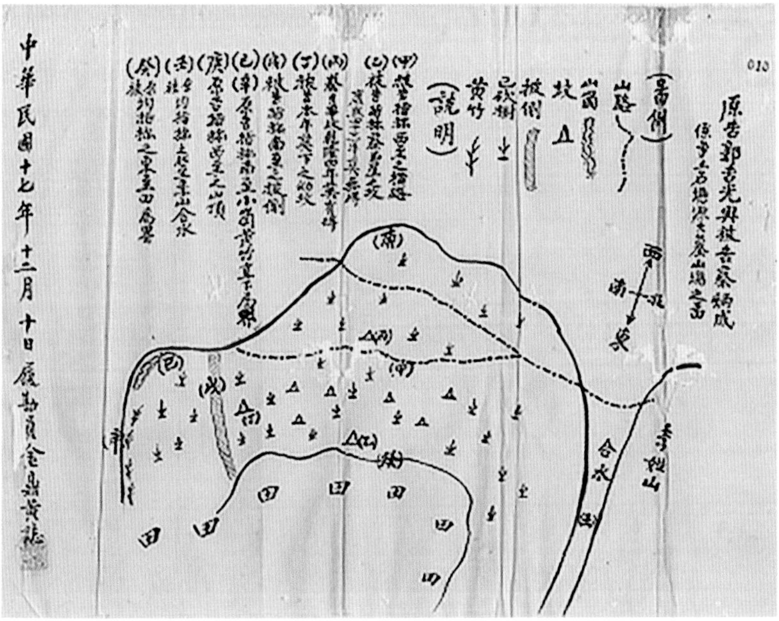

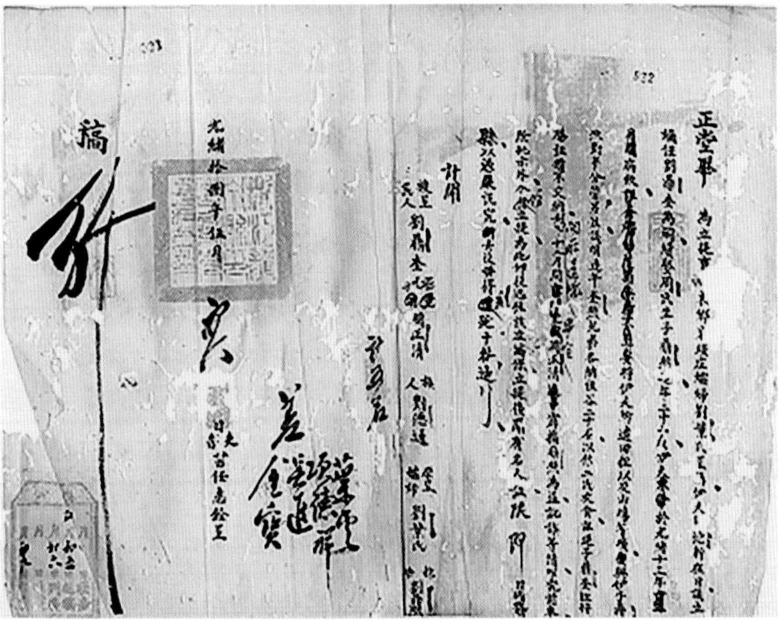

龙泉司法档案（部分）

5 古代法律如何“有意识”地区分贵贱？

在某种程度上，判案者也是社会学家，他们以特别的方式和语言把社会关系的方方面面予以总结。

我们现在看第三和第四章。这两章的关系很密切，第三章以描述为主，第四章则带有一些分析和比较成分。

第三章是讲在婚丧祭祀以及衣食用度上体现的阶级分化，不同于今天所讲的社会分层。

社会分层，是指不同的阶级在财富、权力和声望等方面存在差别，以至于具体的生活喜好，都会体现出身份区隔。比如，去什么学校上学，读什么样的专业，往往体现了阶级的分化；再比如，虽然吃同一种东西，但是不同的烹调方式也会体现出身份的差别。分层不仅仅是基于个体差异，更重要的是基于家庭出身和社会关系的不同。当下的研究主要关心的是，在一个社会中如何限制社会分化，比如开展全民教育，提高入学比例，让更多的人获得一流的教育资源等。

瞿同祖所讲的阶级分化除了有这样一种含义，其关注点仍然在法律。因为他关心的是法律对阶级分化状态的维系，即法律会有意识地规定社会生活的各种身份标识，禁止与身份不符的生活方式和行为。

所以“不当”在这本书中，仍然是一个礼的概念。前两节讲到，天子、诸侯、大夫、士，不同阶级应该享用的衣食用度是不一样的。如果使用了不符合身份的东西，就不符合“有别”的原则。一旦用了不符合身份的东西，就“不当”地和别人一样了。法律对跨阶级行为的禁止在某种程度上回应的是对“有别”理念的扭曲。

所以瞿同祖指出，

法律实际上会有意识地规定，不同的阶级，应该在社会生活的衣食用度各方面体现出差别。

在婚姻里也是这样。在瞿同祖看来，婚姻仪式的阶级性除了指婚姻应门当户对，更主要的是指不同阶级的人可以进行什么样的婚礼仪式，其中有非常细微的规定，而且不容违背。丧葬和祭祀也是如此。

第三章主要以这样的描述为主，到了第四章，则变成了一种更深入的贵贱之间的分析。

贵贱是一个笼统的说法，在具体的分析中则分为四个层次。

第一层是皇室、贵族。

第二层是所谓的官吏，即有功名的读书人。有功名的读书人可能担任实职，也可能只有虚职，可能是在职的官吏，也可能是致仕的、退休的官吏，但这些人都参加并获得某一级别科举考试的承认，所以拥有了一种不同的身份。我们通常所说的读书人或者士绅（民国时期学者重点研究的阶级之一），与这里的官吏是有区别的。

第三层是所谓的良民，这是相对于贱民来说的。它并不是读书人群体，但是比贱民的出身要好一些。

最后一层是贱民（under class），这些人由于社会出身，特别是因为从事特定的职业而被判为贱民。

这四类身份的区分，是法律有意为之的。在具体的操作上，简单来说有两个方面。

第一，对特定民事权利的剥夺。

个人身份低下最重要的标志是什么？就是权利缺失。比如说皂隶、倡优和梨园戏子等不能参加科举，没有资格进入社会流动的晋升之道，这是法律的一个硬性规定。一些学者研究雍正朝解放贱民的法律，关注被解放后的贱民能不能恢复在原来的范畴中失去的种种民事权利。

第二，如果不同身份的人之间发生了法律关系，不管是纠纷还是伤害，二者得到的法律判决会有很大不同，他们的身份差异是一个基本的考量标准。

瞿同祖认为，良贱之间的区别，在涉及法律关系时，一定会在两种不同出身的当事人之间明确地体现出来。

前面讲到，一旦法律关系发生在具有尊卑、长幼、亲疏关系的人之间或不同身份的人之间，那么何者加重量刑、何者从轻发落，就构成我们反观法律用意的一个重要的部分。所以第三节和第四节的讨论，就直接涉及阶级或者身份不平等的差别。

举一个例子，主奴之间的殴斗或伤害，如果奴仆伤害或者击杀主人，一定是会加重判刑；反过来则会减刑。困难的是，如何认识主仆之间不同的关系。主仆之间名分已定，但是情分有轻有重，有深有浅。如果情分深的主仆之间发生了同样的行为，更应该加重判罚，因为破坏了一个更深厚的连带关系。这是双方加减刑的另外一个量度。此时用什么样的理据来判断主仆关系的深浅程度，对于案子的判罚非常关键。

凡此种种，其实和今天的司法推理是有一些关联之处的。在案例里，比如奴仆可以和主人在一个桌上吃饭（这种行为是一个非常重要的标志），在这种情况下奴仆更没有理由做出逆反主家的行为，或者法官会认为奴仆更没有理由做出逆反主人的意志甚至伤害主人的行为。如果这种事情发生了，法官就会类比忤逆不道的行为去判决。

清律里面还有一类关系，比如出家人与其师父之间。这种关系可能摇摆于主仆和我们第一部分里看到的师生关系之间，这个时候类比也非常关键。如果按照人伦关系类比，他们之间的法律关系就会被抬得很高，量刑也会更重。

在这部分里，瞿同祖和第一部分的分析一样，基本上较少考虑司法判决里跨越刑律的借用和比照。他主要关注的是如何参照律条本身来执行判决。可是我刚才说过，清律里大量的司法实践是在律条的基础上对前案进行借鉴。借鉴前案本身可被看作一种对律条的改造，因为可能二者在性质上不是同类的案件。

举例来说，在清律的成案里，有船工水手在运输货物的时候见财起意，这种情况下的杀人和一般的杀人是不一样的，判决的时候会重罚，因为行业本身有职业伦理规定。客人上你的船，身家性命和财物归你所管，你应该对得起自己的职业伦理。如果在这种情况下杀人，与俩人吵架，越说越动怒，最后拿起东西来互相殴斗致死是有根本不同的。不是因为船工杀人的手法或者是作案的行为有多么残忍，而是因为他违背职分，这一点值得重罚。也即，有些行当的人天然被认为负有某种规范的使命，一旦违背会更加为法律所不容。法官会取这一含义用到别的案件上面。例如，主奴之间或者是良贱之间的判罚，除了身份的考量，判案者也会依据情势情分去援引别的案件，这在清代的成案里留有许多痕迹，是非常重要的一个部分。

我们在瞿同祖书中看到，判案主要是依律而行，主要的判断是适用性问题，案情在这里，律在这里，怎么用、用哪部分、用得适不适当；但是对大部分案件的判断实际上需要一个更复杂的实用性考虑，那就是案情本身的情势。

由此会导致一些看似有些奇怪的处理，比如族群之间争议的案件，却用了一个跟族群没有关系的案子作为前案；在处理斗杀案的时候，可能会用到毫无关联的另外一个亲属之间的案件，因为取的是亲属关系入法的部分，这成为判案里一个很有意思的情况。

瞿同祖的论证是比较直接的，他取的是律和司法之间非常严格对应的部分，此后的学者对瞿同祖的质疑和批评，也主要在这里。因为如果不考虑这些复杂的变通，法律与社会之间的关联就被大大地简化了。而恰恰因为如何引用法本身是一个超出刑律的过程，通过中国法律去看中国社会才具有特别大的价值，因为它体现了我们在社会生活里具有默会性的关系互动和情理。

法官的职责不能够推诿。在这个层面上，中国传统的法律人，不只是读书人、经学家（因为他要注解法律），或者官吏（因为他要行使职权），他们同时也像社会学家，把平常社会生活中熟视无睹，或者不愿意加以深思的某些关系，在特定的时刻里鲜明地进行概括、提炼和表达。

经过法官所表陈的关系或者判例，深刻影响了我们对中国人传统的思考方式和社会判断的理解。

所以，在某种程度上，判案者也是社会学家，他们以特别的方式和语言把社会关系的方方面面予以总结。这部分虽然没有出现在瞿同祖这本书里，但是它仍然非常重要，对于思考传统社会的运行机理来讲更是如此。

瞿同祖这本书，运用了高度理念化的写作方式。他出类拔萃的理论综合能力和明晰的论述令人佩服；但是我们也要认识到瞿同祖的局限。如果能够把这样一种高度理念化的写作方式，和被比较系统地排除在本书之外的那部分结合在一起，可能“中国法律与中国社会”就不再仅仅是一本书的题目，而是会成为一个长久的议题，更强烈地激发我们去推进中国社会的研究。

作为结尾，我想按照瞿同祖的写作结构，提出一个问题。礼作为制度，通过直接和间接影响来实现“有别”的目标，不一定只显现于家族和阶级的分别上，也可能出现在我们关注的其他社会生活方面，比如说职官身份，它一方面有很强的规范设定，另一方面有很强的行政法的规制，那么它是不是也可以用瞿同祖的架构进行理解呢？我想这会是非常有意思的问题。

总之，瞿同祖这本书无论从义理还是从论证上，都带给我们许多值得深思的启发，他杰出的贡献，在今天仍然会为我们提供非常多的灵感，也值得进一步去体会。

田耕的延伸书单

- 亨利・萨姆纳・梅因:《古代法》，沈景一译，商务印书馆，1959年。
- 亨利・萨姆纳・梅因:《早期制度史讲义》，冯克利、吴其亮译，商务印书馆，2022年。
- 瞿同祖:《清代地方政府》，范忠信、晏锋译，法律出版社，2003年。

1910年，林耀华出生于福建古田的“金翼之家”

第四讲

宗族传统

——林耀华：如何描摹中国人的社会生命轨迹？

渠敬东

北京大学社会学系教授

在社会学领域，“传记”可以说是一种别具一格的写作方法，而社会学家林耀华则是引入生命传记法的先驱。作为“燕京学派”的中坚学者，林耀华一生致力于田野调查，著有《金翼》《凉山彝家》《义序的宗族研究》等经典作品。其中，《金翼》以其独特的叙事风格，成为中国社会学写作的典范，并拓展了社区研究的边界。在这部作品中，他以民族志和生命史的白描手法，生动展现了中国农村社会的家族制度。

在本讲中，北京大学社会学系教授渠敬东将以《金翼》中对宗族问题的研究为核心，深入探讨中国人社会生命的构造与轨迹。

1 如何用“生命传记法”研究社会？

社会之为社会，是因为以“文”化人，人在其中。倘若社会研究失了人，便只剩下空荡荡的躯壳，没了生命及精神。

这一讲我将以林耀华的《金翼》为一个主要的文本，来讲一讲林耀华怎样探讨中国底层社会和民间社会，以及中国人社会生命的内在法则。人类学家雷蒙德·弗思曾为此书写过一篇英文版的导言，在开篇他是这样说的：

> 《金翼》是一部以小说形式写成的社会学研究著作。就构思来说，它的主题非常简单，却像竹叶画一样，其朴素的形式掩映着高水平的艺术。这个故事在于剖析福建一个村庄里毗邻而居的两个家

雷蒙德·弗思

Raymond Firth，1901—2002

新西兰民族学家，英国功能学派代表人物之一，师从现代人类学奠基人之一马林诺夫斯基。他曾在悉尼大学、伦敦政治经济学院任教，并作为费孝通最初的博导指导过费氏的博士学位论文（即后来费孝通成名作《江村经济》的英文初版）。他最为著名的田野调查地点是太平洋上一个极小的岛屿蒂科皮亚岛。著有《人文类型》《我们，蒂科皮亚人》《社会组织的要素》等。

族。这两家既有亲戚关系，又一起做生意。其中一家度过逆境继续繁荣，另一家最初很是兴旺而后却衰落了。本书的中心人物是第一家的家长黄东林，他说不上是一位英雄，却是中国农民中最优秀的典型，勤俭节约、精明能干、吃苦耐劳。他的“金翼之家”得名于附近一座形状很像金鸡的山，山峦的一侧如翅膀一般伸向新的房舍。看风水是中国占卜术的传统组成部分，认为这样做会使家族发达兴旺，而对于社会学家来说，反应就全然不同了。以偶然事件的形式所表现出的机遇：如亲人的突然死亡，与旧时学友重逢，幸运地发现一份文件从而赢了一场官司等，虽说发挥了一定的作用，但真正的命运存在于各个人的心中，就像欧里庇得斯或陀斯妥耶夫斯基等一切伟大的戏剧家和小说家向我们展现的那样，一个人选择善或恶、聪明或愚蠢，确实不取决于兴之所至或偶然的机遇，而是由他本人或他人那些本来具备的爱好和习惯所决定。这些爱好与习惯起着决定性的作用，因而一个人的善恶智愚实际上早就选定了。

《金翼》写于1940年，是林耀华在哈佛大学获得博士学位后余暇生活中的信手之作，题材取自于家乡福建省闽江流域的古田黄村，虽然林耀华曾于三四年前做过两次田野考察，内容上却更多地融入了自己的生活历程。他说：

“《金翼》不是一般意义上的小说。这部书包含着我的亲身经历、我的家乡、我的家族的历史。它是真实的，是东方乡村社会与家族体系的缩影。”

林耀华1982年在哈佛大学校园哈佛铜像前

这本书于1944年首版，由腊斯克（Bruno Lasker）作序，序题为“隐然浮现的伟大目标”。从此标题可以看出，腊斯克始终在努力把握此书隐而未彰的意图和风格，他说道：“假如从事社会研究的西方学者希望明了究竟是何种力量在维系着中国社会并使之运转，就必须学会正确理解如权威和责任这类关键性的概念，使其脱却众多西方人习以为常的看法和实践”，作者所运用的“非正统方法具有特殊的价值，可以使我们直接了解中国家庭的日常生活”。

腊斯克隐约地意识到，林耀华采用的叙事策略，不仅没有照抄照搬西方人类学的规范方法，也有意躲避掉了一些学科既定的描述和分析概念，甚至平铺直叙的文风，也像是在尽力避免情节上的跌宕起伏。似乎这样的风格不再是基于科学叙事的要求，而是中国人之社会生活的本质呈现。

首版《金翼》副标题为“一部家族编年史”（A Family Chronicle）。采用编年史（chronicle）的方法，本身就是民族志（ethnography）的内在要求，即是对一种社会历程之详细完整的描绘。1932年秋，林耀华在燕京大学曾选修罗伯特·帕克教授开设的“集体行为”课程，深受影响，他说：“如果个人在社会中之关系为形式的，如果社会不止各分子总和，此种关系，应以互动或历程解释之”；“社会之生命及其连续，全视乎前代之民风、教化，技术与理想能否传于后代”。

显然，

民族志所理解社区意义上的社会，首先是一种时间性的生成、演化和流变过程，是一种动态的机制化和结构化形式。

社区亦是一种空间性的关联形态，通过交往或传播的方式与其他社区乃至国家不断形成一种多向度传递的关系，进而形成弥漫或扩展性的文化网络。虽然学界对于华南地区之宗族社会素有研究，后来亦对《金翼》多有评价，但《金翼》采用的所谓编年史手法，即在特定的时空关系中追踪全面社会关联的方法，将“社会”的自然展开作为其构造的环节和脉络，确是独具一格的。

不过，编年史的呈现并非仅是一种单纯的线性时间过程。一个社会周期，常常伴随着竞争、冲突、调协和同化四个阶段而展开，其中，竞争是根本而普遍的。林耀华借用齐美尔的说法，认为人们之间的互动常因情势的变迁，伴有无意识的、难捉摸的和未预料的情况发生，短兵相接，危机难以避免；可随着时过境迁，也往往会协调成就，达成和解，由此形成的新秩序渐渐融入人们的习惯风俗，传递后代，便又形成新的均衡态势。

《金翼》就是循着这样的节奏和过程来写的，可以说它是受了帕克、库利等人的影响。但作者写的毕竟是中国人的故事。社会之为社会，是因为以“文”化人，人在其中。倘若社会研究失了人，便只剩下空荡荡的躯壳，没了生命及精神。林耀华说，他是用生命传记法（life biography）来研究社会的，即通过生活中人的生命历程来承载社会的生命历程。具体来说，是用黄、张两家姻亲的生活流变，来呈现一个社会的生命周期。他说：“研究个人生命，同时也就是研究家族社会。个人生命的变迁，自出生至老死，恰好绕成一个圆圈，在这圆圈之内，每个人

查尔斯·库利

Charles Horton Cooley，1864—1929

美国社会学家、社会心理学家，芝加哥学派代表人物。库利强调人的社会属性和社会生活不可还原为生物本能的特殊属性，其思想中最重要的三个概念是：镜中之我、初级团体和次级团体。他认为，人的自我是在与他人交往的过程中由社会互动所形成的镜中自我，是一种社会性产物。家庭、游戏群体和邻里是形成这种社会性人格的“首属群体”，个人与社会是不可分割的有机整体。

生命必需依赖他人而生活，上连下继，循环递嬗，由个人圆圈积成家族生活的大圆圈。”所以，这是人与物、人与人、人与祖先或神明的关系交错构成的社会样貌。

从社会中见人，就要有特别的叙事方式。一方面，要完整描述个人的生命周期，“把个人生命按时代描叙，观察时代的变迁及他与众人关系的变迁”，将个人传记中的生命历程，如“出生、三旦、满月、周岁、断乳、入学、冠笄、婚嫁、寿长、死丧、葬祭等”关键节点和重要转变逐一揭示出来；另一方面，正因为个人总是在事件化的过程里，需要用反常的形式来激活存于其身心之中的社会内容，因而“最好能够如影片般活跃地描写”，像小说家或戏剧家那样，“染着作者的性格和观点的颜色”。社会中的各个主体，都不是死寂的陈设，而是“心身功能所凑成的有机历程”，因而传记法不是解剖术，不是用死人的躯体来解析活人的生命，“以其洞察行为之深，在形式上虽为非戏剧的，而实质上却是戏剧的”。

中国人讲一个社会的生命历程，没有亲身体验，不能娓娓道来，便不会有气息和血色。这是燕京学派所说的社会学“中国化”的核心，所以这样的学问也是从“内省”和“内观”入手的，必带入一种“投入感”：对于生活中那些命运捉弄、悲喜交加的故事，谁都会挂心动情。林耀华说：“我们日常所认识一个人的行为，莫不从视觉听觉以及在背后心理历程中的想象，拢合起来而成就的。假如没有这种想象，我们绝对不能够注意那个人，脑子里也失掉他的影迹。”所以我们要用活泼的文笔来描述生活。

在这个意义上，《金翼》所讲的编年史，刻画的虽是平常人的生活，却也将这种“平常”放在了像《史记》这样的史家传统笔法中。

林耀华对于平常人生活世界的书写，常常不温不火，倒不是因为他们没有辗转动荡的经历，而是中国人社会生命的奥秘并不在跌宕起伏的情节中。

行文不见起意，故事言简意赅，不讲大道理却能够见微知著，是作者追求的境界。

民族志本来要求如实的记述，作者的叙事却藏着是非曲直，黄张两家之兴衰沉浮，所以这既是自然的社会轮转，也有褒贬于其中，但是作者常常隐而不露，宛若平常人能够体会到的“命运”一般。

《金翼》用的“白描法”，不事雕饰，不加渲染，不重形似而求神似，

仅用朴素简练的墨线来勾勒人物和场景。也像是中国传统绘画中的长卷，空间随着时间而展开，时放时收，如一幅幅连环画，每段故事的开始，都是上段故事的收尾，彼此接连呼应，时而平缓、时而舒展、时而高潮、时而辗转……观者只有在一臂之间领略其中的故事，却永远被置于无限的时间中，等待下一个场景的临现。

这就是中国人理解的人世间的兴盛与沉败，“天道有常”，所谓“四时更变化，天道有亏盈”，就是指中国人的社会生命也如同这长长画卷的收与放那样，世代相续、无始无终。

2 中国人的情感秩序与人际网络是怎样形成的？

一个人的生命，是一家人的生命，也是同族同宗的世代生命。上至祖先，下至后人，也都在这恒常的生命谱系中，绵延相续不绝。

林耀华的白描法，既是对中国人特有的生命历程的绵延性的时间暗示，也有别于归纳和演绎的常规研究方法。

林耀华强调他的研究是用心来体验，靠“心灵交通或精神接触”。他说：“思想是社会性的，社会是在心灵之中。”

《金翼》开篇，就用这样的笔法，讲出黄东林这位故事的主人公于时空中的关系构成。首先，是家系的历史维度。

东林的祖父是个地道的农民，育有三子，东林的父亲排行老大，却在东林四岁那年早逝，母亲则从未改嫁，抚养两男两女，三代同堂过活；东林十四岁时，祖父过世。不过，这一身世并非仅是人类学上的亲属表，还是家族文化的基因延续。东林父亲死得早，从小便同爷爷相依相伴；爷爷勤劳，脾气倔强，常领着他访亲会友，也常给他讲神话和民间故事，有时候会领着同族人与外人争斗。血脉的传承自然带着性格的痕迹，东林从祖父那里得到了最早也是最自然的教育，既学会了处世之道，也知道了不少此地的历史传说，甚至“精明、机敏又有些严厉”的品性渐渐成了他的脸相和样貌。“祖父的死使他哀伤一年有余”，而这样的哀伤却真正使他长大成人，家道的中落，则给了他寻找新世界的动力。

在这个意义上，人的命运也与地理空间有着密切关联。“蛮村”坐落于金鸡山麓，山间林地下方有条通商大道，向西是湖口镇码头，顺流而下可达海滨城市福州；向东通往古田，再由此延至内陆。从此看出，由东林家乡延展开的地理分布，便注定了东林离乡的生命轨迹：一是由河流伸向海洋，二是由内地折返家乡。

就像鲁滨孙出海去寻找新世界一样，从东林"开始同那些在商道上开茶馆和歇脚的人混在一起"的那一刻始，他就随着河流的方向展开其生命了。他先是与芬洲合股，在湖口镇开了店铺，做起酒馆的买卖，而后借着闽江航运的机会，在湖口与福州之间来回贩卖稻米和咸鱼，后来又添上了药材的生意……在后来的故事里，随着芬洲的落败和离世，东林的生意越做越大，不仅采用了红股制，还一度垄断了食盐的买卖，成了商会会长。

所以

东林的生活轨迹，是随着地理上的扩展而带来的交往圈子的扩大过程。

农民种地，多是与农民交道，而生意范围的扩张，却要搭建起各种不同的人际关系。东林从商的历程，同时也是他的社会圈子不断层层扩展、串联而产生的人生轨迹。

然而，一个人的地理学生命不仅是经济意义上的，还离不开政治的影响。东林命运的起伏，除了与闽江流域所提供的生计线路有关，也深受从内陆而来的外部影响。起先是山里来的土匪，绑架了小哥；后来是古田的地方驻军来到村里；再后来则是战争，闽江上游直至古田县区都处于军事战备阶段，东林全家转入深山；随后，九一八事变后东北沦陷，国共两党于东林的家乡周旋；直到20世纪40年代，日军屡次占领福州，"金翼之家"的人们再度背井离乡。

林耀华说："一个人为了要在这个世界上生存，必须与不同圈子中的人们发生多种联系。"所以中国乡间的普通百姓，他们总是在具体的时间和空间中，在逐次发生和扩展的人际关系里，才会渐渐知道自己的位置和角色、身世和遭遇，从"不同的圈子"和"多种的联系"中来把握自己。

中国人的关系首先是从“至亲”的角度生发的，所以《金翼》开篇说明东林在“一体之亲”中的结构关系，就是要明确他一生的生命历程都将会在这样的人伦秩序之基本格局里发生。

虽然一个人生命的空间是开放的，但是地理的空间决定了他向外延展的可能性，决定了他生活扩展的可能性，而亲属关系所铸就的网络则决定了其中所处的人的人格基本结构。

林耀华说：“我们日常交往的圈子就像是一个由用有弹性的橡皮带紧紧连在一起的竹竿构成的网，这个网精心保持着平衡。拼命拉断一根橡皮带，整个网就散了。每一根紧紧连在一起的竹竿就是我们生活中所交往的一个人，如抽出一根竹竿，我们也会痛苦地跌倒，整个网便立刻松弛。”

就存在论来说，中国人原不是个体本位的，无论君亲师友，还是天地族群，都是人通过社会连带关联而实现的自我构成。人因伦常关系由里而外、由近及远地加以扩展；“推己及人”，情感秩序与社会规范皆由此而来，也形成了自然、人际与天道之整全世界的关联。所以在中国，每个人不是社会世界构造的原点，而是关系点，是联络点，依照相对应的亲疏远近来确定不同程度的关联，逐次外推。正因为如此，那些最里、最近、最亲、最尊的人的离世或关系上的断绝，就会产生最强的崩解效应。对东林来说，祖父的过世，会使他的“生活模式被全盘打乱”；而后面兄长东明之死，使他的生活格局“再次被硬性改变”，他不得不挑起整个家族的重担。

一个人的生命，是一家人的生命，也是同族同宗的世代生命。

上至祖先，下至后人，也都在这恒常的生命谱系中，绵延相续不绝。所以，家族的维系至关重要，上有祠堂，下有家塾，祭祀、生存和发展，是永远不变的生活主题。

3 祖先与神明为何是乡村社会凝聚的象征?

在世俗世界的纷纷扰扰中，社会生命是要靠仪式和信仰来升华的。

1935年10月，拉德克利夫–布朗到燕京大学讲学。林耀华每天都追随其左右，并写下了《从人类学的观点考察中国宗族乡村》一文，以示纪念。他写道："我们无论是从宗族为叙述的起点，或从家族为叙述的起点，或从个人为叙述的起点，到头来都不得不整个地透视宗族社会各部分各方面的互相关系的整体。"这里的意思是说，就中国乡村普通人的社会生命而论，宗族、家族及其中的个人是一而三、三而一的并合逻辑关系，从未有单独存在的宗族、家族或个人。

《金翼》所呈现的是社会生命的有机活态，不是从宗族到家族的结构解析路径。所以这本书开篇就有一则故事，成为全书的情节枢纽。芬洲和东林两位姻亲兄弟是湖口店铺的合伙人，攒下了不少钱，准备起新居。风水先生在金鸡山和龙头山一带发现了宝地，称之为"龙吐珠"，芬洲瞒着东林盖起了房子。东林非常失望，只能另选别处。建房需有木材，可当帮工们来到花桥这个地方伐树时，却与欧家发生了激烈的械斗。这场争端的种子早在19世纪中叶东林祖父在世时就种下了。东林祖父的母亲是欧家的女儿，她的兄弟很喜欢东林的祖父，曾出于好意，让他到花桥边的山坡上种树。这本是欧家的地界，但当过了两代，如今木已成材之时，因木材归属问题，东林却与他的舅舅阿水，即欧家的族长发生了争执。

这场械斗相当惨烈，最后东林在这场争斗中胜出，拿到了自己需要的木材，新居最终得以落成。本书不吝笔墨，细致生动地刻画了这一拿破仑凯旋般的场景：

东林走在最前面，手里的秤象征着丰收和地租；祖母捧着的香炉，象征着家族香火不绝；黄家的六个儿子分别拿着不同的物件，象征着整个家族未来向着农耕、商业、学界、政界方面的发展；女人们手里的物件，则象征着家族的富足和睦；队伍的末尾，是扛着老式长枪的长工，他们俨然是家族的保卫者……

这个故事说明，

“家庭就是这样一种生活圈子，是围绕着一个由习俗、责任、感情和欲望所精心平衡的人编织的强有力的网”。

抽掉其中的任何一员，扯断他们之间得以维系的任何纽带，家庭便会面临着解体的危机。这个故事也说明，理解家庭的生命和命运，必须将考察的范围拓展至宗族乃至更为广阔的关系系统之中，才能把握其中的要害和意味；东林与阿水之间的争斗，不只是两家间的较量，也是两族间的比拼，这需要从整体的乡村结构出发来理解。

在农村社会里，由宗族所构成的社区是通过聚合的方式构建的。我们平常所说的从家庭到宗族的这一套组织等级体系，其实是以家、户、支、房、族这五层的功能单元依次扩展为更大规模的复杂社会组织。其中，“家”是“共灶合炊”，就是一起吃饭经济单位，以男子的辈数最大与年龄最长者为家长；“户”以住屋计，从诸家长中推最年长者为户长；“支”是从祖父到高祖，直到房分为止；“房”通“旁”，是后代子孙以自始祖以下分成的支派，并划地域为界，以祠堂组织为中心；最后，诸房长中再推年长者一人，便是全族的族长了。从乡村社区的总体结构来说：家是经济单位，户是社会交往单位，支是宗教祭祀单位，而族房长，亦即祠堂会，乃是上述功能的综合单位。所以从《金翼》所讲的故事和其体现的社会秩序来看，东林最多不过是个户长或一个支派的代表，能与阿水这位族长一争高下，并且获胜，在乡里人看来恐怕是天底下最了不起的人了。东林的胜利，是以一己之家而胜欧氏全族的胜利。我们只有看清楚了乡村的社会结构，才能看清楚这场争斗对于东林在当地的意义所在。

有了宗族组织，才会有家庭本位的社会结构，规模较小的自然家庭便会发生更大的作用。在乡村社会里，东林祖父的舅舅和东林的舅舅都是欧氏族人，舅舅的女婿也是东林的堂兄。在乡村社会，亲上加亲，才容易出现“新仇旧恩”的场景。这是乡村社会的常态。

中国的家族制度，按照血亲和姻亲的亲疏关系来界定人伦秩序及其功能作用。其中，“人”是第一位的，同时“土地”的地位也尤为重要，“人生不可无田”是中国人据守的乡土观念。

所以《金翼》故事的开始，便刻画了这样的场景：东林虽在城里做了生意人，可无时无刻不与自家的兄弟“谈起季节性雨水与灌溉，筹划犁田锄地、播种收获和交租纳税”的事情。小说里写道“离家乡几年之后，他现在开始怀着一种至爱的心情看着葱茏的田野。林鸟啾啾，涧水潺潺……在一派宁静的气氛中他漫步的田间小路，远离喧嚣繁忙的市镇生活，他感到完全摆脱了心理上的负担”。

可能东林的这种心情并不好理解，因为黄家兄弟只是佃户，不像地主那样占有田地的“底盘”，是土地的合法主人。但在中国特有的一田二主或一田三主的土地制度下，虽然“田底权”归地主所有，但“田面权”，也就是书中所说的“根的占有者”归土地耕作者所有，这种“自佃农”，也可以将永久租用的土地出租给其他农人暂时耕种。

正是因为这样的类似于永佃制的土地制度的存在，作为“自佃农”的黄家才仍然对土地保有特别的依恋；也正是因为这种对于土地的特别情愫的存在，围绕着整个中国的乡土社会才得以组建起来。

东林常往来于店铺与家乡之间：生辰葬仪、年节假日、进香拜佛都成了他回家的借口。和家人在一起为他的生意注入了新的力量。家庭与商店、乡村与城镇、田园生活与商业事务，所有这些都在东林的生活和发展中保持平衡。所以人们生于斯长于斯，土地就是他们的生命之本，是首要而持久的生计。

这篇著作也同样细致刻画了分家的过程。

中国人的家庭、家族像生命体的细胞分化和分裂一样，是一个不断分家的自然过程。

既然会出现分家，就会产生生命的剧痛，就会带来一连串的矛盾。所以这本书细致地记述了一个大家不断发育过程中的某一个节点，分家引出的矛盾冲突就此展开。

林耀华说，分家以及由此带来的兄弟分割财产所造成的矛盾，可能在乡村社会里引发极其剧烈的冲突，而这些冲突的解决往往与这件事情本身的逻辑无关。

相反，在他的刻画里，是生活中的其他事件，也就是祖母潘氏的去世，以及因祖母潘氏去世而举行的葬礼等活动，才最终弥合了由分家造成的裂痕。这看似是两个事件，却暗含了中国乡村社会一个很重要的激励。在这个分家故事中，祖母潘氏咽气以后，黄家以东林为首披麻戴孝，为祖母举办隆重盛大的丧礼。虽然这场仪式与家族矛盾并无直接的关系，却产生了相当神奇的效果。之后兄弟几人就此休战。林耀华是这样描述的："在祖母潘氏的丧礼中，金翼之家的生活与往常完全不同。这个仪式持续了许多天，举丧的人家与吊唁的客人们借此重新加强了旧有的关系。在死亡所带来的危机打破了生活的常规之后，丧典仪式再一次成为一种团结的力量，重新建立起人们之间共同的感情。"

所以我们在日常生活里经常发现，一个事件带来的矛盾，常常并不直接由这一事件本身的逻辑和办法来解决，而是由于发生了另外一个事件而获得了解决。

在世俗世界的纷纷扰扰中，社会生命是要靠仪式和信仰来升华的。

这就是老祖母的葬仪能够搁置争议、抹平争端的真正原因，两者看似无关，却是神圣和凡俗两界发生关联的真相。林耀华认为，乡村生活中的祠堂与牌位、宫庙与神龛，都是涂尔干意义上的集体表象（collective representation）；祖先与神明，才是宗族或家族真正得以凝聚和整合的象征枢纽。

4 婚丧仪式反映了怎样的宗族乡村特质？

中国人所要的社会科学，一定是基于体验的、反躬自省的、将心比心的科学。

在林耀华的另一本书

《义序的宗族研究》

“个人生命史总结”这一部分里，林耀华从义序地区的田野出发，依照个人在家庭中的地位，以及与家族、宗族及亲属的关系，制成一张生命史的仪节总表，分列出人在一生中的几个重要转变期所必经的过程仪式。在出生、童年、婚嫁、寿辰、死丧、死葬、祭祀这七个时期中，所要经历的重要仪式便约有24项，而其中具体的仪轨则有100种左右。

由此可以想见，与今天的城里人相比，乡里人的社会生命是极其发达丰富的，无论是就个人的生命历程而言，还是就族内的集体生活而言，他们在社会的意涵上是富庶的，始终伴随着家人的关照、族人的保护，以及祖先与神明的护佑。

这本书里有很多情节，完整刻画了个人生命历程里的各种仪式的规则和细节。

比如从一个人生命传记的角度来看，他的出生、婚嫁和丧祭是最重要的。拿出生时期的各类仪式来说：孩子尚未出生，便有了祈子的仪式，娘家送灯，以求子息；新娘求子，要去“奶娘庙”烧香膜拜；怀孕的妇女有很多禁忌，分娩前，要将“临水夫人”的神像请到产房内；生下孩子，也必须敦请神像“回銮”；孩子生下三日，要请稳婆给孩子洗澡，叫“洗三旦”，也要供奉陈夫人保佑孩子安康，叫“开冲”；孩子满月要办酒，洁月（满四个月）要在祖龛前布席；周岁“抓晬”，必须办喜、挂灯。到了童年时期，长到五六岁，则一定要请道士和女巫来“过关”“收惊”，确保孩子度过安煞，平顺成长。

《金翼》用最浓重的墨彩完整描述了红白两事的仪式过程。先有芬洲的三子茂德与王家惠兰的婚事，后有芬洲妻子黄氏的丧礼，都写得面面俱到。其中最重要的就是丧葬礼仪，丧葬仪式在林耀华先生所描写的这一地区是非常发达的。根据《金翼》的描述，张家在人死后的第六天便举行“报亡”仪式，向阴间报告死者的情况，此后每“七”道士和尚都要到场，通过诵经超度亡魂，“六七”当晚要举行“鸭母渡江”礼，由道士作法，推鸭母护送亡灵过渡。直到第四十九天“断七”之日，还要举行一系列仪式，通过“破地狱”礼让亡魂脱罪升天，通过“过桥”礼打败妖魔鬼怪……在去世后不同的时期，会举办各种各样的仪式。这是葬礼的情况。从丧服的角度来讲，也是非常复杂的。

可以说，丧礼、葬礼与祭礼，既代表着生命循环的周期性完成，也是家族凝聚和规制情感关系、整饬人伦秩序的契机，借此，生者与死者的社会生命得以敞开，人际关系的差异性和普遍性原则也得以展开。同样重要的是，上述仪式突破了“人间”的界限，将人世与神鬼两界连通起来，通过生者操持亡灵的升降，来确立圣俗二分的纵向格局，从而融合了儒释道三教的因子，在最具体的仪式实践中确立了长辈和先祖的神圣地位，为社会生命赋予了真正的超越性的精神意涵。

由此，我们能体会到，个人的生命有限，但可以通过缔结婚姻来维续家族的生生血脉，并扩展家族的社会联系；而通过丧葬祭祀，超度亡灵，也可以使家、户、宗、族拥有不死的祖先、不朽的灵魂，而代代受到护佑。只有如此，个人的生命才不仅可以成为家族的生命来延续，也可以成为宗族的生命而永生；他可以超越日常的世俗领域，借由各种信仰和仪式与祖先进行精神上的沟通，获得安慰、保护和心灵的提升，将自身的生命扩展至最广阔的世界。所以林耀华用了大量的笔墨和篇幅来描绘祭祖以及宗族举办的其他各种仪式的过程。

不仅如此，林耀华认为，在当地社会，宗族举办的节期、迎会、社戏、祭祖、上坟等庆祝或娱乐活动，在一年之中会使日常规定的家族生活“有好几十度的突变”，平常单纯而机械的生活，会突然“改换方式，重振精神”，从而使大家“聚会欢乐，彼此联络，重温感情，加重团结”。这恰恰是涂尔干所刻画的社会团结的核心。

对族人来说，祖先是他们的超验世界的构成，但神明也是这个世界的一部分。祖先被供奉在祠堂里，神明则居住在庙宇里；祖先是族内的象征性权威，神明则是族外的英雄偶像；祖灵附于神主牌位，神灵则化身于神像之中。所以在当地，膜拜神明也构成了他们神圣生活的最重要的部分。

在每年的固定时间里，族人都要举行“祭神迎会”，由祠堂依据房分户数划分出来的“福首”或祠堂会成员轮流担任的“会首”，来分别主持这两种仪式。每种仪式的具体过程都相当繁复，常伴有接神、巡游等人山人海的热闹场面。迎会期间，社戏日夜不绝，祠堂大开筵宴，出现了仿若涂尔干所说的那种集体欢腾的场面。所有这些都进一步将我们所说的宗族和村落以及更大范围内的社区结构开展起来，把社会生命扩展到更为广阔和纵深的时空之中。

在这个意义上，《金翼》把中国乡土社会，以福建闽江流域的地区为个案，生动地展现出来。所以我们现在才能理解林耀华先生那句重要的、具有特别意义的话，也是人类学家雷蒙德·弗思在为《金翼》撰写的导言中引用的一句话：

“我们今天可以将‘上苍’理解为人类本身，把‘命运’理解为人类社会。”

这里所谓“上苍”，即是中国人先天被赋予的东西，是人类本身先天注定拥有的属性。对于一个最典型的普通人来说，他的父母和兄弟姊妹，他的家人和亲戚，他的同宗同族，他的祖先，以及各种各样的神灵，都是既存既有的，连生他养他的地方，他的土地及土地之上的风俗人情，也皆是养育。他个人的生命，自然有这社会生命的结构，这既是他的生长点，也是他的归宿地。

《金翼》所讲的就是这样一个故事。一个人在他最基本的人伦关系中有着非常明确的位置，因而在日常性的家庭生活与仪式性的祭祀活动中都有明确的规范。他必须首先成为一种同亲同族的共在，去履行在家族和宗族中的义务，才会成为自己。他也必须通过祭祖和敬神的崇拜活动，才会懂得自己的生命是一种神圣的社会生命。特别是在大的时代背景下，强大的政治经济力量影响着中国人本有的社会生命的塑造。东林的一生几起几落，便是写照。不过，中国人在自己的生命圆圈里，本就有这样的体会，像林耀华所说："人类生活螺旋式发展，诸如我们在黄家简要了解到的出生、教育、成婚、死亡等等，是一些总是会使生活脱离常规的阶段。每一个阶段引起一场危机，每场危机都激起变化，并伴随着一个把生活从偏离拉回到常规的仪式。"

在另一处，他也说道："人类的生活有如起伏的海潮，时而平静，时

1957年林耀华（右一）深入边远民族地区实地调查

而峥嵘。没有人能平顺、单调地度过一生。所以生活时时有变化，即使最平顺的日子也会在新的刺激和新的环境下发生变迁。危机来去无常，有时简单，有时复杂。东林的一生交织着平静与困扰的不同过程，有如一幅浪涛起伏的画卷。”

人生犹如一幅画卷，平顺而危机四伏，紧张而坦坦荡荡。在多重社会世界的构造中，在一生的每个关口，无论是自然的历程，还是外界的纷扰，只要有亲人在旁，有各种仪式活动给人的升华和超拔，有祖先和神明的护佑，人就不会孤单害怕。《金翼》讲的虽然只是福建某地农村的故事，但故事所展开的画卷，却是中国文明由古至今所塑造的普通人的社会生命历程。

林耀华曾说：“中国人最言实际，而尝把实际忽略。”在他的年代，所有人都追赶着新潮新风，他却在吴文藻等的教诲下，同费孝通等同辈学人一起扎根田野，深入普通人的实际。当所有人迷恋于技术方法，以为靠明证的科学就可探究到社会的真相时，他却主张用同情的、内省的、直觉的办法切入人性的深处，去把握社会生命的气息和脉动。

《金翼》这本书告诉我们，中国人所要的社会科学，一定是基于体验的、反躬自省的、将心比心的科学。

林耀华代表的燕京学派从西方学到的科学方法，同样是返于自身、归于自身的自觉反省的认识。因为中国社会之生命本源，就来自“人和人的心灵交通或精神接触”，就像东林依赖他的土地、依恋他的家族那样，任何世间的变故、命运的流转以及国破家亡的危险，都无法割掉他的生命之根。

故事的结尾，年迈的东林依然奋力锄地，一架敌机从头顶掠过，孙儿们带着仇恨仰视天空，而老人却平静地对他们说：

“别忘了把种子埋入土里。”

这就是《金翼》这本著作的最终结尾。它看似没有完结，也不会完结。因为中国人的社会生命是连绵不绝的，没有句号。而把一颗种子，一颗粮食的种子、文化的种子、家族宗族的种子、祖先的种子埋在我们心里，埋在最具体的社会生活里，才是中国人理解的生命的根本的存在。

渠敬东的延伸书单

◎ 林耀华：《金翼：一个中国家族的史记》，庄孔韶、方静文译，生活书店出版有限公司，2015年。

◎ 林耀华：《凉山夷家》，云南人民出版社，2018年。

◎ 林耀华：《义序的宗族研究》，生活·读书·新知三联书店，2000年。

◎ 莫里斯·弗里德曼：《中国东南的宗族组织》，刘晓春译，上海人民出版社，2000年。

◎ 郑振满：《乡族与国家：多元视野中的闽台传统社会》，生活·读书·新知三联书店，2009年。

20世纪30年代末，李安宅和妻子于式玉来到甘肃省夏河县的拉卜楞寺

第五讲

民族共生

——李安宅：如何从现代国家角度看边疆？

陈　波

四川大学人类学研究所所长
四川大学中国藏学研究所、世界史系教授

1931年，九一八事变爆发，这给包括李安宅、傅斯年、顾颉刚在内的众多知识分子带来了巨大影响。他们开始思考一个问题，并就此开展研究和写作。这个问题就是边疆。作为中国人类学“华西学派”的核心人物，李安宅非常重视实地研究。他深入边疆地区，经过三年的探索，写成《边疆社会工作》一书，从现代国家的视角重新审视边疆问题。

在本讲中，四川大学人类学研究所所长、中国藏学研究所和世界史系教授陈波，将从李安宅的这部著述入手，探讨多元民族文化如何实现共生。

1 “中医世家”走出的学人

李安宅出生在这样一个显赫家族，本应有充分的经济条件去从事自己所追求的事业。但也正是这份产业，容不得他随心所欲。

在我国早期的社会学研究里，边疆是一个非常重要的课题，其中最绕不开的是李安宅。

李安宅的家乡在今天河北省迁西县洒河桥镇白塔寨村。这个地方环境优美。在村子的东边，滦河静静流过，这条河今天已经是大黑汀水库的一部分了。村子的西边是相对高度大概一两百米的山峦，爬到小山顶上，可以看见周围是苍翠的青松，俯瞰下面的白塔寨村，数百户人家一览无余。村子里面坐落着李家的老宅子中和堂。

据李家的后人说，在20世纪50年代以前，中和堂的堂上挂有一块牌匾，上面写着“脉延陇西”四个字。这就是说，李家跟远在唐朝的李世民是一家，都是陇西李氏，可谓源远流长。而较近的一个传说提到，他们祖上在乾隆时代曾入宫任御医，所以李家历代都有人行医。从乾隆朝到李安宅出生的1900年，李家在白塔寨村大概已经生活了六七代。中和堂这个房名，涉及一个悠久的历史传说和口耳相传的家族故事，它们构成了李家的无形资产。

但中和堂可不仅仅是房名那么简单。中和堂李氏历代行医，在十里外的洒河桥镇上，开办了一家医药铺“大生堂”，李家每一代都有人住在镇上，经营大生堂。除此以外，20世纪50年代以前，中和堂在白塔寨村以及二十多里以外的三屯营置有田产，仅三屯营的田产就有一顷，也就是一百亩，而中和堂在各处的长工和短工加起来，至少有十多人。

李安宅的父亲一辈一共有三弟兄，都是秀才，大哥和三弟是文秀才，老二是武秀才，都有固定薪水。面对偌大的家业，三兄弟做了一个分工：老大留在白塔寨村传承家业，老二到洒河桥镇经营大生堂，老三后来当了邮政局的局长，在各处流动任职。

李安宅出生在这样一个显赫家族，本应有充分的经济条件去从事自己所追求的事业。但也正是这份产业，容不得他随心所欲。他首先要满足维系、继承和发扬家族产业的要求，这让他在后来的求学道路上受到诸多限制。

李安宅从五岁开始就在家里办的私塾里开蒙学习，后来又到村里在关帝庙办的新学堂读书。但村里没有高小，孀居的祖母又舍不得李安宅离家外出读书，所以李安宅到了14岁时才得到机会去12里外的南团汀继续读高小，直到1916年冬季毕业。他在那里结交了同学王乃堂。王乃堂深受桐城派文学的影响，李安宅跟他散步的时候，他就教李安宅背诵桐城派的文章，故而李安宅深受古典文学的熏陶。

1917年三四月份李安宅结婚。婚后，李安宅的祖母带着新婚的李安宅夫妇和李安宅的三婶一起到三叔所在的遵化县城去探亲。三叔劝说祖母放李安宅到遵化来读中学，他可以在家里吃饭，到学校上学，不耗费什么钱财，也不会学坏，祖母答应了。李安宅在遵化县第五中学读书的时候，接触到一些新思想。其中有一位英文老师跟学生讲，中国人不会英文，就不能求得现代知识。李安宅一听就急了。当时他的英语水平跟不上班里的同学，所以就用一切课外时间来背诵英文。据他自己说："半年追上了，一年超过去。养成了习惯，二三年级便可读当时遇到的任何英文书了。四年中英文成为我的特别嗜好，颇希望作个文学家。但在中英文中读到哲学的内容，使我重思想，看不起技巧。"

1921年，李安宅的三叔调到天津工作，李安宅突破家庭的重重阻碍，前去天津，白天自修，晚上在青年会读英文，持续了一年半时间。据李安宅先生自己说，这时的教员是美国干事侯感恩（R. M. Hogan）。

他“使我第一次接触到除了自己向上爬之外，还有对于素不相识的人义务帮助的道理。他在谈话中，使我认识中国人盲目到外国留学的坏处”。

1923年李安宅回到白塔寨村住了一段时间，大家庭的环境让他郁郁不乐；恰巧侯感恩调到济南青年会，给他写信说可以到济南读齐鲁大学。那费用怎么办呢？侯感恩说李安宅可以在青年会教英文夜校，实现工读自给。于是，当年夏天李安宅就赶到北京投考，得到录取后，他顶着重重压力，在祖母的许可下，决然离家到了济南。祖母之所以许可他离开，可能是因为这个时候中和堂其他安字辈成员已经生下子嗣。

1923年至1924年在济南的经历，李安宅在自传中说：

> 这一年由齐鲁大学预科转入选科，在大学三四年级听讲。第一次碰到与基督教有关的社会学与社会心理学，还有包括该教在内的比较宗教学。这使我将眼光更多的转入社会问题方面。

1924年李安宅得到燕大奖学金，来到北京，进入燕大社会学系就读。

2 一生著述，志趣在边疆

只有通过实地研究，掌握实地的材料，才能把握当时中国的实际，才能对当时中国的社会文化的各项功能进行评判。

李安宅于1985年去世，享年85岁。在当时，中国人的平均寿命还没有达到70岁，李安宅可以说是长寿的。在这并不算短的时间之内，他真正的学术生命并不长，因为在1950年以后，李安宅先生随十八军进藏，服务于当时西藏的社会建设，后又回到内地在成都的高校教学和进行思想改造，在学术上基本上就没有发表过任何建设性的成果。

“文革”结束后，李安宅把自己早年写成的一部英文著作的手稿，翻译成中文。这是李安宅在1950年以后进行的最重要的学术活动。1988年，李安宅先生去世三年以后，这个译稿经王辅仁的编辑，在中国藏学出版社得以出版，书的名字叫作《藏族宗教史之实地研究》。

实际上，

李安宅最重要的思想形塑期、学术写作期，都集中在1921年到1951年这短短的30年的时间里。

就目前所知，李安宅的第一篇文章发表于1921年，是他在《中华英文周报》上翻译的一篇文章，标题叫作“成功之人”。最后一篇文章，则是在他与法尊法师合作撰写的一篇英文文章，发表在英国的《1951年教育年鉴》上，标题叫作“(中国的）佛教传统”。这期间，李安宅的翻译和著述，在今天的学科分类上，以人类学为主；在议题上，则围绕传统与当前的社会生活、人生、西学的关系以及国家建设、边疆研究和宗教人类学等。

总起来看，我们可以说，李安宅虽然长寿，但他真正有效的学术生命，仅仅只有30年。在这30年的时间里面，他的学术生命也是非常曲折的。从1921年到1927年夏，李安宅四处求学、从事革命。从1927年秋季学期开始，他的主要目标是攻读学士学位，并为此撰写毕业论文，这算是他真正走上学术道路的时间。此后，我们大概又可以把李安宅在美国攻读人类学的这段时间（1934年8月到1936年8月）视为一个分界线：在这以前，李安宅进行的是大量的翻译和编译著作；在这以后，翻译的数量明显减少，李安宅自己的著述明显增加。

他在美国的那两年里，先就读于加利福尼亚大学伯克利分校人类学系，后去往耶鲁大学人类学系进行研修，一边选课，一边阅读、思考。

他在加利福尼亚大学的那一年中，修了很多课，但只有一门课算是研究生课程，那就是实地研究（fieldwork）；而他修的其他课程非常多，都只算作本科课程。在这个过程当中，他的人类学思想逐渐成熟，写了不少东西。

李安宅非常重视实地研究，这是因为他看到当时的社会学讲空话、写空文的现象还比较普遍，他称之为“八股”，他觉得这些对我们认识当时的中国没有什么好处。只有通过实地研究，掌握实地的材料，才能把握当时中国的实际，才能对当时中国的社会文化的各项功能进行评判；也只有这样，才能够找到解决中国问题的办法。这是李安宅最主要的思路，而他也在这方面取得了不小的成绩。

后来他的主要工作都跟实地研究密不可分。其中最为突出的就是《边疆社会工作》。最新发现的档案材料表明，从1939年2月14日开始，李安宅先后在拉卜楞寺及其所在的夏河县，以及从今天的都江堰一直往北，直到甘肃南部的区域内，进行了将近三年的实地研究，以积累起来的资料为基础，写就了这部社会学名著。

这让我们想到一个问题：李安宅是在什么时候认识到中国有边疆的呢？他曾经在自传里写过：“我虽还不知1904年英军侵入西藏的事，但已对西藏有个模糊的印象。”“当时第一次在拉萨设邮务管理局，中国人

1925年的拉卜楞寺建筑群与藏族同胞。由美籍奥地利探险家、人类学家约瑟夫·洛克（Joseph Rock）拍摄

第一次任邮务长。”但对于边疆的认识还不是很清晰。

1931年，九一八事变爆发，当时中国相当多的知识分子都受到了很大影响，包括傅斯年、顾颉刚、谭其骧等。他们开始思考边疆问题，并围绕边疆进行研究和写作。

九一八事变对李安宅也产生了很大的影响，他一度想放弃学问，去从事革命斗争。1932年初他就有了这种想法。那年夏天他回到家乡，找自己的姐夫石维舟。他听说石维舟在组织佃户抗击日本侵略者，想通过他进入抗日的队伍。但是很遗憾，他没有找到石维舟。当地人误以为他很有来头，就吹捧他，而李安宅又不信任这些人，只好又回到北平。恰巧这个时候他接到英国语言学家吕嘉慈的信，告诉他说，做学问也算是救国。

就这样，李安宅的思绪又回到学问上，但是他关于学问的思考里，显然已经插入了一个重要的因素——边疆。1933年他曾经打算去青海一带研究少数民族，为边民服务，后来他自己反思说：“这当然也有避重就轻的心理，以为帮助边疆，或无政治上的迫害。”

所以他到美国读人类学的时候，就去印第安部落考察：这些地方不仅是原始部落，而且是美国人所认定的边疆区域。随后他又去了墨西哥，

吕嘉慈（或译“瑞恰慈”）

Ivor Armstrong Richards，1893—1979

英国文学批评家、诗人、语言教育家。他曾六次来到中国，且在1929—1931年任教于清华大学与燕京大学。1979年，他因病提前结束了在中国的访问，回到英国不久后便去世了，终年86岁。他将语义学、心理学、哲学等引入文学批评理论，对20世纪西方文学批评理论有着深远影响，被誉为“现代批评理论之父”。著有《孟子论心》《意义的意义》《美学原理》《文学批评原理》《科学与诗》等。

吕嘉慈在阿尔卑斯山，约1930年

20世纪40年代，李安宅与于式玉在拉卜楞寺（照片承蒙于式玉妹妹于陆琳之女孟运女士提供）

实地考察墨西哥的政府和知识分子怎么样推动墨西哥的乡村教育。这是后来使他的注意力偏向社会工作很重要的两个因素。更重要的、直接的影响，则是1937年七七事变爆发，李安宅没有办法继续在北平教书、开展研究，被迫在第二年和妻子于式玉一起离开北平，绕远道来到西北，在甘南拉卜楞寺进行实地研究，在附近区域游历、考察。那一段时间，他对边疆有了切身的体会、深入的感知和了解。这也就是《边疆社会工作》的写作背景。

3 边疆与内地如何实现真正的统一？

在李安宅看来，社会工作永远不会停止，也不会取消，那是因为社会工作的目的，是要提倡某种服务于人的制度。

李安宅为什么要写《边疆社会工作》这本书呢？起因是1942年2月国民政府社会部编辑“社会行政丛书”，委托他写关于边疆的部分，但显然他脑子里有关边疆社会工作的思考、手头相关材料的准备，绝不是从这一年才开始的；书稿于1943年11月完成，1944年8月由中华书局出版发行，这段时间正是抗日战争非常艰苦的时期，这也是李安宅写这本书的重要背景。

该书由一篇自序和七章正文组成。李安宅在书前的自序中介绍了与夫人于式玉进入拉卜楞寺，学习藏文藏语、开展研究、开办小学、服务当地民众的情况，以及他们在这个过程中碰到的各种各样的困难，尤其是国民党的打压。

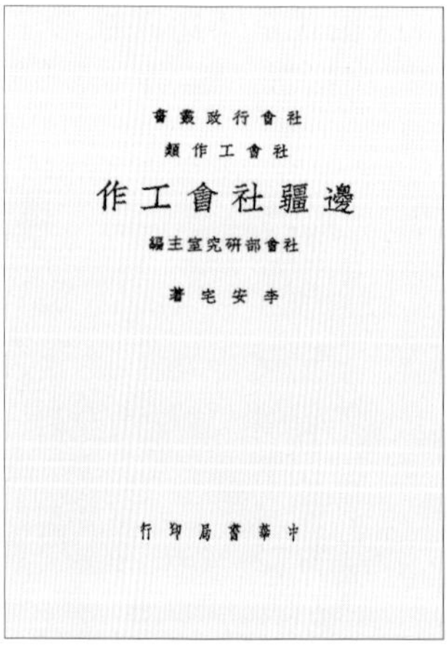
社會行政叢書
社會工作類
邊疆社會工作
社會部研究室主編
李安宅著
中華書局印行

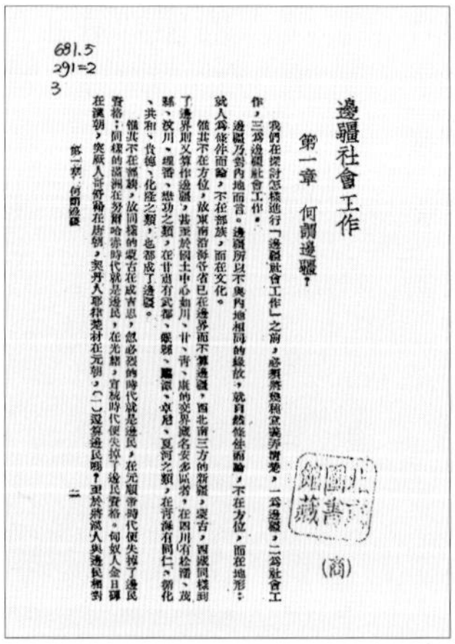

邊疆社會工作
第一章 何謂邊疆？
我們在探討怎樣進行「邊疆社會工作」之前，必須先弄清楚，一為邊疆，二為社會工作，三為邊疆社會工作。
邊疆乃對內地而言。邊疆所以不與內地相同的緣故，就自然條件而論，不在方位，而在地形；就人為條件而論，不在部族，而在文化。
惟其不在方位，故東南沿海各省已在邊界而不算邊疆，西北南三方的新疆，蒙古，西藏同樣到了邊界則又算作邊疆，甚至於國土中心如川、甘、青、康的交界處名為多區者，在四川有松潘、茂縣、汶川、理番、懋功之類，在甘肅有武都、岷縣、臨潭、卓尼、夏河之類，在青海有同仁、循化、共和、貴德、化隆之類，也都成了邊疆。
惟其不在部族，故同樣的蒙古在成吉思，忽必烈的時代就是邊民，在元順帝時代便失掉了邊民資格；同樣的滿洲在努爾哈赤時代就是邊民，在光緒，宣統時代便失掉了邊民資格。匈奴人金日磾在漢朝，突厥人哥舒翰在唐朝，契丹人耶律楚材在元朝，(一)沒算邊民嗎？至於將滿人與邊民相對
第一章 何謂邊疆 二

(商)

黑水民風
于式玉

正文一共七章，第一章的标题叫“何谓边疆”。李安宅开宗明义，界定了地形和文化上的“边疆”。边疆在地形上是指高原、沙碛、草原和森林，生计方式为粗放游牧；与之相对的是内地，有着可以从事精耕农业的河谷、平原和盆地。

边疆与内地有着密切的联系。乐英才认为，在帝制时代的史地条件下，边疆与内地是无法互相包容、达成真正的统一的。李安宅则说，历史上虽是如此，但将来可以实现真正的统一，而且必须要实现真正的统一。边疆社会工作就是要在当时抗战建国的重任之下，创造新的史地条件，使它们达成真正的统一。

靠什么？靠引进西方的科技和精神原则。科技，就是现代化的工业技术和医疗；而精神原则，是指公民原则。

工业技术可以让边疆在原有地形的基础上，超越原来的限制而提升边民的生产力，创造更多的畜产品出售给内地，边民有收入后就能提升

1《边疆社会工作》，中华书局，1944年

2 学者、社会工作者于式玉在1943年赴川西理番县（今理县）黑水地区考察之后，写就《黑水民风》（上下两部分分别发表于《康导月刊》第6卷第5、6期）。在该文中，于先生写道：“在我国版图之内，像黑水这样与我们风俗习惯、语言文字不同的地方是如此其多，面积又如此其广，应当怎样才能把这些地方都健全起来、发展起来？都是当今知识分子所应深长思的。我们实在不能继续像以往那样对边民从事价值的批评，应当客观的观察事实、解决问题，才是以后对待边民的态度。中国人，自古有一种约守成规的观念，缺乏冒险的精神，终日设法使身体安全、事业稳妥就够了……所以中国大部分的历史，都是在号称中原的一块土地上演变，离开这块土的外圈，到处都是边疆了，这不能不说是中国的耻辱！现在时代不同了，视为边疆的地方，要化成正常的行政区域；视为边民的，要将他们变成正常的公民。推动这种工作的，实在需要一股有冒险精神、不必专门遵循于旧的成规圈子里的人去努力。”

乐英才（欧文·拉铁摩尔）
Owen Lattimore，1900—1989

美国著名汉学家、历史学家、地理学家，幼时随父来华，后周游新疆、内蒙古和东北各地，曾担任哈佛燕京社研究员、约翰·霍普金斯大学教授、利兹大学教授。著有《中国的亚洲内陆边疆》等。

边疆的购买力，从而与内地达成一致；而内地获得更多畜产品资源的同时，也扩大了平原地区产品的销路。所以，从经济上来讲，统一边疆和内地，就是要实现物质上的互利互惠、互相依赖和互相促进的关系。

在精神方面，则需要引入公民原则，以国家为定准，不分内地与边疆。“不管皮色深浅，体格高矮，发型直曲，凡在一定国土以内，尽了共同义务，享了共同权利者，都是一国的主人，而执政者不过是公仆”，不分宗教与血统（族群），这样才能实现“一中有多，多中有一。多以成其复异丰富，一以成其庄严伟大。亦惟庄严伟大始足以包容复异丰富的成分，复异丰富才能够促成庄严伟大的一统”，“在统一中求得各别的适应，又在各别适应中达成真正统一的原则”。

李安宅把上面这两种办法，称为经济的区域分工和精神的区域分工，两种分工为的是抗战建国，为的是建设一个未来的中国。边疆工作就是要以抗战与国家建设为目的，实现这两种分工。

在这之外，李安宅还谈到要在相互关系、知识等方面加强边疆工作。譬如边疆需要内地在医疗方面予以扶持，边疆的各种优良特质也需要内地加以发扬；在知识方面，内地对边疆一向缺乏认知，对边疆的了解还不如外国人了解得多、了解得深，因此可以趁此机会补课，同时利用边疆的地形和文化特点来提升训练技术，利用与边疆地形和人文的接触，来去除我们过去的“虚浮文弱的积习”，发掘抗战建国的力量，“造成伟大民族的创造经验”。

第二章标题是“何谓社会工作”。边疆需要社会工作，那社会工作是什么呢？李安宅在这一章并没有像第一章那样给社会工作下一个形式化的定义，而是通过四个否定式的排比，来说明社会工作的性质：社会工作乃是一点一滴、经常创新的，而不是一劳永逸的；是一步一步、不求近效、避名求实、善与人同的，而不是形式主义的；是助人自助的，而不是越俎代庖的、包办主义的、英雄主义的；是根据社会科学的启示，从因果关系出发，经科学技术的训练，服务、救济与建设并举的，而不

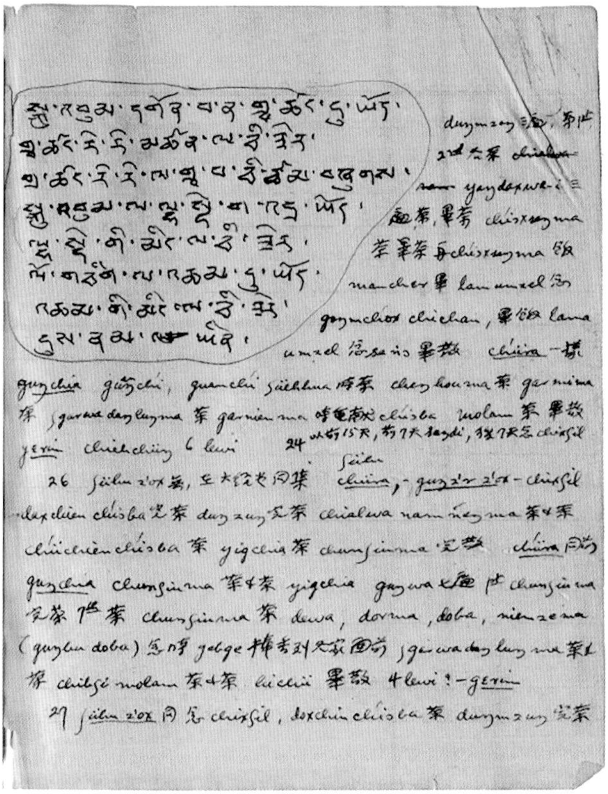

李安宅的拉卜楞田野笔记之一页，1939年。其中藏文应是李安宅所书，内容应是李安宅询问知情者的问题。译文："塔尔寺里有多少扎仓？每个扎仓都叫什么名字？每个扎仓里有多少扎巴（普通僧人）？塔尔寺所领部众怎么样？所领部众的名字都叫什么？（塔尔寺）一年当中跳几次羌姆舞？羌姆的名字都叫什么？什么时候跳？"另外的汉文和拉丁转写的内容，应是某个仪式的逐日进程

是感情冲动的。

李安宅在讨论社会工作的性质时，对社会工作者的要求，其实是相当高的，不只是技术上要兼收并蓄，做一个"杂货摊子"，会各种本领，以"万箭穿心的功夫，凑合各种方法"来解决问题；更重要的是，社会工作者还得有极高的境界，"入而不王，出而不奴"，特立独行，而且要"多影响旁人以使同志成为大我"，随时领导他们，让他们准备继承事业，这样才能使大我赓续不歇，才能避免挂一漏万、人存事举、人亡事息的弊端。李安宅提出：社会工作者应该模仿的典范，就是历史上的曾国藩、左宗棠。

在李安宅看来，

社会工作永远不会停止，也不会取消，那是因为社会工作的目的，
是要提倡某种服务于人的制度，

在这种制度定型以后，还要进行改革这种制度的社会工作；而制度与制度间的适应，个人与制度的适应，也是经常的事，这些都需要社会工作。

社会工作有四种分类标准：按照性质来分，有事后的救济和事先的预防或福利建设；按照方法来分，有机关以内的工作和机关以外的工作，有集体的工作和个案的工作；按照主动者来分，有私人的工作和公家的工作；按照对象来分，有救济穷人、治病、法律扶助等。这些是因为有了问题才设立的工作。此外，还有养老、幼儿教育、救济不幸妇女等因性别、年龄而设立的工作。

李安宅在这一章的最后，指出当时社会工作的趋势，是由私人进入公家化，由救济进入预防化，由散漫进入组织化，由慈善进入专业化，由包罗万象进入个别化，由热心进入技术化。其中所谓组织化，是“以组为运动的中心，以技术为方法的中心”，以民众组织为当时我国社会工作的最新趋势。

具备这六个趋势以后，才能做到李安宅所说的研究、服务、训练三位一体，一方面解决社会问题，一方面造福社会各个阶层，而且明了透彻，一天一天地让人类进入刚健挺拔、展翅高飞的境界。

4 保障那些“不占优势”的国民

他把历史纵向拉开，看历史上中央政府如何处理边疆问题。

第三章进入该书的正题，也就是在边疆进行社会工作。正是在这一章里，李安宅的边疆社会工作思想具有了历史的维度。

所谓边疆社会工作，就是要处理内地和边疆、中央政府和边疆地方之间的关系。李安宅眼光的高明之处就在于他把历史纵向拉开，看历史上中央政府如何处理边疆问题。他把这一历史以唐为界分成了两段。唐以前，他引用的是唐代陆贽的总结，即以德化人、兵威征伐、和亲、筑城防御、驱逐而不征伐等五种办法，但各有偏颇。对唐以后的处理方法，他选用的是1942年4月王拱璧所做的总结：

（1）怀柔法

以“柔远人则四方归之，怀诸侯则天下畏之”，“君子耀德不耀兵”一类的典范为原则，主张以德化，不以力服；重玉帛，不重干戈。……这是我们古圣先贤最高的治边方法，也可说是王道的一体。

（2）威胁法

与怀柔法为对面，凭借武力，劳师糜饷，以期征服四夷，树威定霸。胜则“扫穴犁庭”，败则“埋骨荒外”。

（3）羁縻法

既不用怀柔之德，又缺乏威胁之力；或以文德为迂阔，威胁为耗费，便采用若张若弛、不即不离的羁縻政策。……设土官、颁赐封典赏号等，皆此策之较著者。

（4）攻心法

这是斗智于勇，寓德于威，以压倒的战略战术，出奇制胜，同时刀下留情，以使边民力尽心折，不能不低首降服的办法。

（5）坐质法

边民被武力征剿降服以后，犹恐其不守信约，责令选出本族重要人物，拘禁于略似监狱之“夷卡”以内，轮班作质。

（6）离间法

分析各部族间恩仇亲疏的关系，从中挑拨离间，然后助甲攻乙，帮乙打丙……使他们自相残杀。

（7）教导法

……诱导边民，沾染汉化。

（8）军政参用法

此法系采上述1、2、3、7各项办法，参入现代政治，综合为“几分军事，几分政治”。

在李安宅看来，这些办法，一是歧视边民，二是忽视边民生计，所以边疆问题依旧存在。

清以来的羁縻制度，实际是养痈遗患，而民国以来中央政府又无力涉足边疆。到了写作本书的时候，有了一个大的历史变化，我们不再像以前那样，把边疆当成敌国、当成藩属，而是要把它当成国家的一部分，全国一体，边民也是国家的公民。这样一来，历史上的这些办法就不能用了。

全国一体，并不意味着所有人都是一样的，有的国民占优势，有的不占优势。李安宅说，边疆社会工作就是要保障那些不占优势的国民的权益。

历史上的这些办法不能用，是不是意味着当前的普通立法、普通行政就能够直接推行到边疆地区呢？李安宅认为这是不行的，没有共同的民风作为基础，这些立法和行政在边疆难以推行下去。

那要怎么样才能更好、更合理地处理两者的关系呢？李安宅提出，我们要在全国统一的立法和行政之外，在边疆地区再施行一套社会行政和社会立法。摸索建立这套社会立法和社会行政，就是边疆工作者的职责所在。后来中华人民共和国在民族地区设立自治行政机构，其理念来源于列宁思想，在实践中则非常接近李安宅的这套方案。

为什么需要社会工作？还有一个很重要的理由，比如说进行交通开发，建造公路，看起来是一个很简单的技术问题，但是实际上并不简单，因为即便在内地也偶尔会遇到抗拒修路的事情，何况到边疆去。当地的边民不理解修路的用意，用以沟通文化交流的公路，很容易被视为侵略的工具。如此一来，路就修不成了。所以要修路，还得先取得当地人的信任，这也是社会工作者的工作。

第四章讲的是开展边疆社会工作所面临的困难。李安宅认为困难出现在内外两个层面。

内在困难有两个方面，一是边地的物质条件不够，二是边民了解程度不高。先说物质条件，内地和边疆是根据地形和生活方式来界定的，边地的地形跟内地不一样，造成行路方面的困难，而游牧的生活方式也与农耕不同，给吃和住带来困难。边民吃的是糌粑，喝的酥油茶，住的是帐篷，对于从内地过去的人来说，都是需要适应的。除此之外，还有工作本身的困难，在边疆即使是做一张桌子，因为各方面的条件跟内地不一样，可能也要花很长的时间。再说第二个内在困难。边民为什么了解程度不高呢？李安宅认为，首先是因为边民没有接触外界的需要，也没有接触外界的机会，容易少见多怪。还有一个原因是文化不同，彼此的标准不一，沟通是个艰难的工作。再加上语言不通，边疆工作者在跟边民接触的时候就会遇到很多麻烦，不得已要通过会讲当地话的商人和通事（也就是翻译人员）来沟通，但这些人关心的是利益，不是民族感情，不是文化调协，工作者就不免被人捉弄。

外在困难有三方面，分别是历史背景、工作机构和工作方法。历史背景又分为两个方面：第一是最初的接触不幸，第二是宾主形势不伦。

最初到边疆来的人不是主动要求去建设边疆、奉献自己的，而是在内地犯了错误被流放过来的，这就是最初的接触不幸。当地人对这些人不感兴趣，把他们称为黑民、汉丐，也就是汉人乞丐。因为最初有这样的接触，边民自然也不免用这样的眼光去看后来的边疆工作者。这就造成边疆工作者开展工作的困难。

宾主形势不伦，说的是什么呢？在边疆地区，有不少传教士，他们长期生活在那里，有的甚至是出生在那里，当地语言讲得非常好，对当地的情况非常熟悉；而从事边疆工作的人，刚从内地到边疆去，语言不通，有时还得借助于传教士，通过他们向当地人介绍自己。传教士本来是客人，边疆工作者是主人，主人反而要靠客人来开展工作，这就是宾主形势不伦。如果他们从中间操弄，说你的坏话，败坏你的形象，那要在当地从事边疆工作就非常困难了。

接下来是工作机构。政府派驻当地的工作机构，责任不明、职权冲突，开展工作的时候不同机构就互相打起来，被当地人笑话。政府威信扫地，边疆工作就无法展开。

此外，还有工作方法上的困难。准备从事边疆工作，却不知道怎样开展工作，指导机关也没有指导原则，这就让人迷茫，不知所措；舆论对从事边疆工作的人寄予厚望，期待他们每个人都能成为张骞、班超。这怎么可能呢？根本假定不健全，也给边疆社会工作带来了困难。

为了不让人们在面对这些困难时感到绝望，李安宅就鼓励准备从事边疆社会工作的人说，边民具有天真的健美，富于超世的热情，吸引我们去从事边疆工作。

5 对待宗教和派系要有超越的态度

不管各个宗教的神话有怎样的不同，从根本上说它们都是用当时已有的知识来解释不了解的现象而已。

第五章讲的是从事边疆工作所需要的条件。就工作人员来说，开展边疆工作要满足三点。

第一，

要有适应于自然的体魄。

这是相对于边疆的自然属性来说的。首先，边疆工作者的身体要跟得上，身体强健了，魄力才会大。如果百病丛生，边疆工作就无法开展了。李安宅举了个例子来做对比，西洋传教士深入边地，应付自如，到处都可以坐，什么地方都可以睡，人家用牛粪擦抹过的油碗，他也可以恭恭敬敬地接过来用于喝茶。而我们的斗士，反倒是觉得到处都是荆棘，“辛酸动容”，“慑骇夺气”，以至于真就卧病呻吟了。所以边疆工作者首先要学习当地人民浑然一体的自然境界，其次要学习为建设边疆而吃苦的功利境界，进一步上升到为抗战建国的道德境界，最高的境界是积极地与自然界打成一片，使自己就是自然，自然就是自己，这就是天地境界了。只有这样才会在各种环境当中乐其所乐，更好地进行边疆建设。

第二，

要有适应于人群的态度。

边疆工作者要跟人接触，适应于当地人群，自重自爱，爱人利人。自重自爱，边民才觉得你有威仪，值得亲近。在边民看来，边疆社会工作者不只是个人，还代表着群体，你如果做好了表率，他们会归之于群体；

如果个人不自重自爱，他们也会归之于群体，会说整个内地的人都是像你这样的，这样一来，边疆工作就没法做了。西方传教士在遇到这类情况时，会悄悄把有辱团体的成员遣送回国，不让他继续给团体带来损害。

自重自爱实际上是理学家修身的功夫。但在这之外，还要结合社会学提供的社会认知和人类学提供的文化洞识。

李安宅认为，相比于医学、物理、化学这些工具之学，理学、社会学、人类学这三门学科也是非常重要的，因为它们教会我们如何适应于当地人群。

边疆工作者面对边疆不同的部族、宗教和派系，要持什么态度呢？对不同的部族，不要有歧视隔阂的心理；对不同的宗教和派系，要有超越的态度。李安宅花了相当多的笔墨来谈如何认识不同的宗教和教派。他认为，不管各个宗教的神话有怎样的不同，从根本上说它们都是用当时已有的知识来解释不了解的现象而已。如果认知到这一点，就能够超越各个宗教和派系，达成圆融。

第三，边疆工作者要有适应于工作本身的技能，要有专业的技术，如医学、地理学，或者语言学这样的专业技能，并将其与综合性技术协调配合起来。

工作者的要求如上所述，那工作机构需要具备什么样的条件呢？工作机构除了要推进工作，还要能诱导、培养人才，使他们在没有参加工作之前得到有效训练的机会。最为合理、经济的办法，是委托靠近边地和对边疆有研究的大学来训练边疆工作人员；接受训练的人员应该对纯粹的社会学和人类学有起码的认知，先借由社会学养成社会化的态度，彼此适应；再从人类学获得文化类型的比较观点，最后实地进行社会工作，练习社会行政的技术。为了适应边疆，学员可以先从内地乡村的社会工作实验站训练起来，比如华西协和大学社会学系在成都南郊开办的“石羊场社会研习站”，主要是用来训练社会工作者。

我们已经了解边疆工作所面临的困难，提出了克服这些困难需要的各种条件，下面便可以正面讨论边疆工作。进行任何事功都不外两种活动：一是行政，一是实施。

接下来的第六章讲的就是边疆工作的具体做法。

在行政方面：

第一，要有长久的计划，不要朝令夕改，以致人无所适从；而要有长久的计划，就必须要先进行深入的研究。机关也不要换得太快，以致政令无法捉摸。

第二，要有统一的指挥和统一的行政机构，既可以从中央统一起来，也可以由工作所在地统一起来，让一切关于边疆工作的机构，不管属于什么部门，都通过同一个机关来统筹规划。

第三，要有充足的设备，尤其是与工作本身相关的设施配备，应该十分齐全。

第四，要给工作人员福利，比如一般的工作人员，待遇较低，欠缺对子女的教养等，应该有所补偿；工作人员还需要每隔一段时间获得休假，利用这个时间重返内地去进修，或到不同区域旅行，彼此观摩，有机会慢慢消化、反思既有的工作经验，在学识上提升自己，大大增进服务边疆的水准。这一点是李安宅从传教士的经验中学来的。

实施边疆工作的原则是什么？首先要对边疆进行研究，有了研究才明白问题所在，才晓得要用什么手段与方法去解决问题，才能有针对性地为当地提供服务，以及训练同行。

实施边疆工作，应该先从医药入手，然后是改良生产技术，比如改良牛羊品种，改良畜产品加工的工业，最后是组织训练民众，让他们“自觉地更有效地利用自然，扶植人口，防治疾病，加强福利设施，从血缘的宗亲原则进步到公民原则”。李安宅详细对比了家族主义的血缘习惯和现代国家的公民要求，他更青睐公民原则。

所谓建国大业，亦不外在物质方面要求工业化，在精神方面要求公民化而已。然而物质建设易，精神建设难……物质建设有目共睹，精神建设每每流于空洞格言……边疆的血缘观点已较内地为强，试看内地之未能脱离血缘的行为型，便可知道公民原则之有待提倡了。

血缘习惯：

家长与子女的关系，只有人治，故讲情。人情与法理倘有冲突，只有法理吃亏，人情战胜。……人治有冲突，人情讲不通，只能忍而又忍。

公民要求：

公仆与国民的关系必由法治，故讲理。我国历史上每有新法，均遭失败。或由新法未在民风深处找到基础，亦因民风本身反对法治所致。

法治法理都是客观对事的，所以人事都甚简单。人事简单，事业便易推进。所以建设的精神，自为主人的态度，到处都负责任的习惯，都是真正公民的要求。

李安宅在最后一章，谈得非常简短，主要是讲边疆工作的未来。他的设想是在边疆工作者的协助下，在经济的区域分工方面，边疆与内地经济达到平衡，出现互惠交利的局面；在精神的区域分工方面，用公民原则，促使边民自助，进而帮助别人。最终，从全国来说，在统一中有复异，从地方来说，在复异中有统一，养成大国民的态度，从而使边疆工作者成为一般的专业工作者，不再需要他们从事边疆适应方面的工作，社会工作的边疆性最终消失。

6 在中国内部实现“超越性”

在李安宅那里，边疆社会工作要服务于一个更高的目标，那就是现代国家的建构。

《边疆社会工作》一书出版不久，窦季良就写了一篇书评，扼要地叙述了该书的内容，并指出了其中的几个逻辑问题。王先强也做过一个介绍。1946年末，教育部学术审议委员会决议，给李安宅先生的这本书颁发社会科学的三等奖，肯定他在边疆工作和边疆论述上做出的贡献。1950年初，李安宅先生加入中国人民解放军第十八军进藏，把这本书送给了很多人。因为书中多次引用蒋介石的《中国的命运》，所以并没有获得积极的回应。

从那以后，三十多年的时间里面，这本书基本上是打入冷宫了，没有人提起它。考虑到当时的政治形势，这本书的遭遇也不难理解。

1991年以后，这本书在四川得到重新编辑出版，编者当时很小心地把书里引用蒋介石著作的内容全部都删掉。这也间接证明，正是因为这些内容影响了它在1950年以后的接受度。2012年，在彭秀良的推动下，王思斌主编的《社会工作学术文库》全文收录了李安宅先生的这部著作，它的全貌才正式出现在社会工作专业的读者面前。

《边疆社会工作》初版距今已经过去了八十余年，中国的社会工作专业也取得了长足的进展。如何弥合理论与实践之间的裂隙，依旧是一个精细而艰巨的任务。

另外一方面，过去十多年中，如王思斌所说，这本书在社会工作和边疆研究方面越来越受到重视。我国台湾地区的学者严晓佩在博士论文和一些文章里批评李安宅在这本书中对边疆的浪漫化，而大陆有一些对中国边疆感兴趣的学者和官员在阅读中注意到该书的“边疆”概念，从

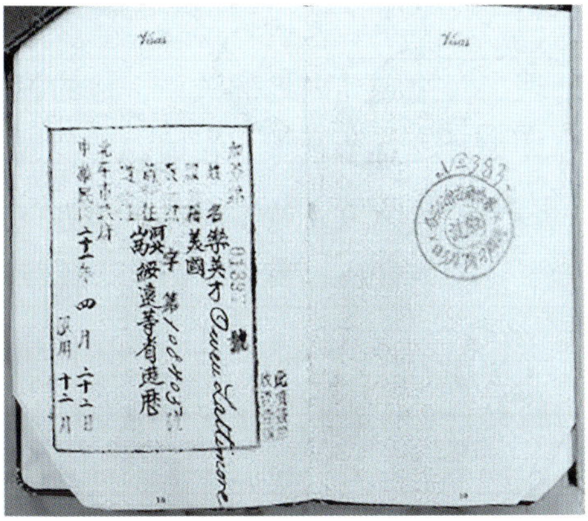

乐英才护照之一页

这个关键概念入手去探讨边疆性及其对今天的启示。

今天，我们应该以什么样的角度来理解李安宅的这部只有五万多字的著作呢？我觉得从纯粹学术史的立场来进一步阐发这部著作的微言大义，是很有必要的。

李安宅在《边疆社会工作》里想要对话的那个人，叫乐英才（现多音译为“欧文·拉铁摩尔”）。李安宅在书中的括注说，报纸上的译名“拉铁摩尔”，是不被他本人所承认的，所以李安宅称呼他为赖德懋。2013年我在美国哈佛燕京学社访问的时候，曾到华盛顿的美国国会图书馆手稿部查阅赖德懋的档案。其中有他的好几本护照，每一本上面的中文名都叫“乐英才”，可以说这就是赖德懋当时所用的中文名字（下文我就称之为“乐英才”）。乐英才的档案里，还收藏了李安宅发给他的邀请函，请他担任华西协和大学边疆研究所顾问。实际上，早在1937年两人就在北平见过面。看得出来，李安宅和乐英才关系很近，他们在学问上多有探讨。

看起来，李安宅是先受到了乐英才的影响，才在书里跟乐英才对话的。但实际上，根据李安宅的回忆录，他在重庆时先按交通部部长张嘉璈的要求，写出了华西边疆研究所的缘起，然后才在张嘉璈的指点下，读到乐英才的著作。李安宅在本书第一章里把乐英才的观点总结出来，认同其对历史上边疆与内地关系的分析；但其后李安宅更进一步，他研究边疆主要是为了处理当时边疆和内地的关系，他的著作也是从这个角度来写的。为什么要处理这一对关系呢？在他看来，当中国历史发展到这个阶段，为了建立一个现代国家，就需要很好地处理边疆和内地之间的关系。这就是李安宅这本书见格局之处，也是它区别于一般的社会工作的地方。毕竟社会工作只是一门技术性的、可操作性的实践知识，但是在李安宅那里，边疆社会工作要服务于一个更高的目标，那就是现代国家的建构。也只有在这个层面上，我们才能看见社会工作在边疆所具有的重要意义，也是它区别于内地社会工作的最大特色。

虽然李安宅所理解的中国已经不再有历史上“普天之下，莫非王土”的概念，而成了一个拥有具体边疆、具体边界线的有限的中国，但是在他建构的现代中国的蓝图里，也有一个非常宏大的诉求：在中国内部，实现超越性。这个超越性指的是包容、涵养内部的多样性，超越各个宗教、各个族群的分歧，进而达成一种大我的境界。

所以李安宅理解的现代中国，仍然具有历史上中国所具有的包容性。

他认为，这正是中国跟其他国家不一样的地方，是中国的长处。我们细读李安宅，要能够品味到李安宅这个苦心孤诣的设想。

在这本书里面，我们可以看到两个包容和整合。第一是李安宅强调的，要整合当时中国、西方和（中国以外的）非西方的理念和实践到国家建设里面来。西方的如工业化和公民原则，非西方的如墨西哥的边疆文化团的经验和印度的经验。第二是要构建历史上的文明积淀和当下价值需求之间的连接，这就需要李安宅在书中强调的“大我”“天地境界”等理学修身之学，既要包容多元复异的国际关系，又要妥善整合中国内部诸族历史传统。用他自己的话说，叫作“我国文化，复异中有统一，所以成其伟大；统一中有复异，所以成其富丽”。这是一个相当精彩的多层复合模式。

这种时空关系的整合，体现出《边疆社会工作》在方法论上的重要性。李安宅在书里面有一个概念性的话，叫作史地条件，这是我们提出这个时空关系模型最重要的一个根据。在这种史地模型里面，社会工作才显示出它的地位，才有它的意义，才不仅仅是社会工作本身，而更加具有一种广阔的人文关怀，一种深刻的哲学性价值，一种宇宙观的包容性。

陈波的延伸书单

◎ 费孝通:《中华民族的多元一体格局》，载《北京大学学报》(哲学社会科学版) 1989年第4期。

◎ 拉铁摩尔:《中国的亚洲内陆边疆》，唐晓峰译，江苏人民出版社，2008年。

◎ 李安宅:《论回教非即回族》，载《新西北》1939年第2卷第1期。

◎ 李安宅:《论西北藏民区应用创化教育》，载《甘肃科学教育馆学报》1940年第2期。

◎ 李安宅:《人类学与中国文化:"巫术科学宗教与神话"译本序》，载《社会研究》1936年第114期。

◎ 马戎:《中国社会的另一类"二元结构"》，载《北京大学学报》(哲学社会科学版)2010年第3期。

◎ 王铭铭:《说"边疆"》，载《西北民族研究》2016年第2期。

◎ 电影《马背上的法庭》，2006年。

数字世界

21世纪初至今

在工业革命发生的七八十年后，社
学作为一门学科才得以诞生，而数
社会也是一种崭新的社会形态，
们对于相关的知识和数据的
累还处在初级阶段。数
社会的研究可能还
很长的路要
与工业社
相比，

城乡关系

20世纪80年代至今

在当代中国的城乡关系中，差权制度面临着经济效率的损失以及无法得到持续的社会认可等问题。当一种制度的社会认可出现严重危机的时候，一系列的社会问题乃至政治问题都会产生，如何回应社会认同危机将决定这种制度的未来命运。我们看到，政府现在越来越关注差权租的问题，并采取了一些措施，包括有序的土地流转等，来逐渐缓和差权租所带来的效率上和社会认可上的问题。但是这些问题将怎样进一步演化，还需要我们更多的观察，社会学总是要跟在经验事实的后面进行思考的。

乡土社会

20世纪50年代至今

传统社会保留下的农民数量巨大，他们在历史上处于社会底层，当下也是工业化、城市化的主要对象。中国只有解决好乡土社会的问题，将农民带入现代化进程，让农民成为现代化的贡献者，现代化才能获得源源不断的动力，从而持续稳定发展。中国近代以来的历史反复证明：谁丢掉了农民，谁就会丢掉中国；谁抓住了农民，谁就会掌握中国的未来命运。从土地改革到承包到户，从新农村建设到乡村振兴，从脱贫攻坚到全面小康，国家的大政方针都是围绕解决乡土社会问题展开的，乡土社会也一次次以全新的形态呈现在世人面前。

会具有完全不同的社会连接方式，
催生了全新的知识体系和价值体系。
5，我们要密切关注数字技术带
的变化，理解和把握这些新
物，这对于建设数字社
具有重要意义。

消费社会
20世纪80年代至今

中国现在面临的主要问题之一是中产的规模还不够大。我们有消费社会的特征，但还不是典型意义上的消费社会。我国还有大量的低收入人群，甚至还有很多人的人均可支配收入在一千元左右。按照经济发展的普遍规律，中国的消费社会是一定会到来的。消费社会不是洪水猛兽，但也不能放任自流，要去约束它，预防和减轻它的负面影响。要注重人与环境的和谐，注重物质消费和精神生活的平衡，注重私人消费和集体消费的平衡。

00

家庭关系
20世纪50年代至今

家庭所要承担的责任，这些年来也越来越多了，尤其是抚育儿童和照料老人的问题，此前国家承担得比较多，现在则更多地推给了家庭。照料上的私人化，带给了家庭巨大的压力。对年轻一代来说，结婚变成了一个需要重新权衡和评估的个人选择，而不再是“男大当婚，女大当嫁”那么简单；婚后是否立即生育，也不再是一个固定的程序，而是一个需要不断进行评估的过程。

80

从洞庭山上远望太湖

第六讲

乡土社会

——中国传统乡土社会的面相（20世纪50年代至今）

徐　勇

华中师范大学政治学与国家治理研究院教授

对于中国人来说，乡土社会不仅是地理和社会意义上的界定，更是一种独特且不可替代的文化土壤，延续着漫长历史中积淀的精神认同。那么，我们该如何回望与观察乡土中国？

在本讲中，华中师范大学政治学与国家治理研究院教授徐勇，将以“乡土中国”作为观察与解释当下中国社会的切面，剖析乡土社会的形成、乡村治理问题的关键，以及这些现象背后的历史脉络与文化底蕴，探讨关键个体——农民是如何创造“中国奇迹”的。从过去到现在，我们能从中发现乡土中国发展的诸多面向及其对当下社会的深远影响。

1 我们如何认识乡土社会?

只有从时间和乡土的维度才能理解中国文明和中国的国家进程。

一个人、一个民族、一个国家存在于世，都会被问来自哪里，中国人大都会说自己来自一个乡土社会。

乡土社会是一个与城市社会相对而言的地域性概念。中国有着悠久的农业文明，人们世世代代通过与土地的交换获得生存资料，从而形成了极具文化特色的乡土社会。

“土”是乡土社会最重要的特征，

具有深厚的文化意蕴。因为土地日复一日、年复一年与人们打交道，因为土地使人们世世代代生生不息地传承，因为土地让人们有了固定的家，有了安居乐业之地，人们逐渐产生了对土地的向往、依恋和归属之情。无论走得有多远，人们最终还是希望回到“生我养我”的土地上，所谓“故土难离”；无论成就了多大的伟业，人们最期待的还是“叶落归根”；无论在外多么风光，“魂归故里”是人们永恒的愿望。不尽的“乡愁”因土而生，因土而长。

乡土社会之于中国人，不仅仅是产业、居地，更是一种文化、一种精神，是中国人的根基。费孝通早年曾经在外国留学，有过在不同国家生活的经验和认识，他将书写自己对中国农村社会认识的著作定名为“乡土中国”，着实把握住了中国乡村社会的精髓。

人类文明因为不同的条件而走上不同的道路。西方是典型的空间性的城市文明，其文明中心不断地发生空间位置的转换：从古希腊到古罗马、意大利、英国、法国、德国、美国等，以城市为其标志。只有从空

在乡土社会，人日复一日、年复一年与土地打交道

间和城市的角度才能理解西方文明和西方的国家进程。

中国是典型的时间性的乡村文明。中国是一个在固定的空间内长期延续的国家实体。早在19世纪，德国哲学家黑格尔就认为：“只有黄河、长江流过的那个中华帝国是世界上唯一持久的国家。”（《历史哲学》）中国之所以得以持久存在，其重要原因便是乡村文明。乡村社会以土地为生，土地的重要特性是固定不动。中国作为地域性国家，最初便得名于“中土”。因此，

中国的根在乡土，魂也在乡土。只有从时间和乡土的维度才能理解中国文明和中国的国家进程。

乡土社会是农业文明的载体。但自从工业文明崛起，农业文明遭遇了前所未有的挑战。原因在于农业文明高度依赖自然，工业文明则大大超越了自然的限制，生产力得到极大提高。马克思和恩格斯在《共产党宣言》中充满激情地说道：“资产阶级在它的不到一百年的阶级统治中所

创造的生产力，比过去一切世代创造的全部生产力还要多，还要大。自然力的征服，机器的采用，化学在工业和农业中的应用，轮船的行驶，铁路的通行，电报的使用，整个整个大陆的开垦，河川的通航，仿佛用法术从地下呼唤出来的大量人口——过去哪一个世纪料想到在社会劳动里蕴藏有这样的生产力呢？”

工业文明是以城市为载体的。伴随工业化和城市化的加快，城乡差距逐渐扩大，乡村开始衰败。作为农业文明载体的乡土社会遭遇空前的危机。工业化和城市化之于乡土社会具有“连根拔起”的效应，人们义无反顾地离乡而去。乡土社会犹如年迈的母亲，处于风雨飘摇、朝不保夕的境地，由此产生了所谓的“三农问题”，也就是农业、农村、农民问题。问题产生的关键不在于乡土社会，而在于工业化、城市化对乡土社会的冲击，改变了千百年来以土为生的人群的生计与命运。

现代化是传统农业社会向现代工业社会的转变。在传统农业社会的现代化过程中所产生的农村、农民问题，是所有走向现代化的国家都要面对的。但在中国，这一问题表现得尤为突出，这是因为中国是在外部力量的强制下走向现代化的。

传统社会保留下的农民数量巨大，他们在历史上处于社会底层，当下也是工业化、城市化的主要对象。中国只有解决好乡土社会的问题，将农民带入现代化进程，让农民成为现代化的贡献者，现代化才能获得源源不断的动力，从而持续稳定发展。中国近代以来的历史反复证明：谁丢掉了农民，谁就会丢掉中国；谁抓住了农民，谁就会掌握中国的未来命运。从土地改革到承包到户，从新农村建设到乡村振兴，从脱贫攻坚到全面小康，国家的大政方针都是围绕解决乡土社会问题展开的，乡土社会也一次次以全新的形态呈现在世人面前。

2 从“皇权不下县”到“制度下乡”

国家政权不再悬浮于乡土社会之上，而是渗透到乡土社会之中。

伴随现代化，乡土社会正在发生前所未有的变化。

一是市场化。

在中国的长期历史上，农村经济长期属于自给自足的自然经济。生活在乡土社会的人们很少与外部世界交往。其典型的生活场景是“你耕田来我织布，你挑水来我浇园”。这种经济形态主要依靠农村自身的要素，其生产力水平只能十分缓慢地发展。中华人民共和国成立初期，尽管我国的生产关系发生了很大变化，但自然经济的属性没有能够发生根本性变化，占全国人口大多数的农民生活没有能够得到根本性改善。

正如邓小平所说的：“在没有改革以前，大多数农民是处在非常贫困的状况，衣食住行都非常困难。”（《改革的步子要加快》）正是在这一背景下，我国启动了以农村为起点的经济改革。经济改革的重要目标是由传统的计划经济体制向社会主义市场经济体制转变。伴随经济改革，我国的农村也被纳入市场经济体制的轨道，生产方式发生了很大变化。农民通过与外部交换，获得了新的生产要素，生产力得到很大提高，农民的生活状况也得到了很大改善，绝大多数农民摆脱了贫困，解决了温饱问题，并最终实现了小康生活。

二是社会化。

由于自然经济，传统的乡土社会处于封闭状态。中国成语中的“方圆十里”“十里不同音”，指的就是农民过往生活在一个“方圆十里”的村落中，与外部很少交往，所以“十里不同音”。直到20世纪90年代我在广西调查时，还可看到许多村落除了为购买食盐而与外部交往，几乎与世隔绝。

正是在这一背景下，传统的乡土社会是一个“熟人社会”。人们长期生活在固定的村落中，相互之间熟悉，并在熟悉中获得一种相互帮助的情感。近代以来，特别是改革开放以来，随着交通、城市化、市场经济的发展，人们的生产、生活和交往逐渐社会化，人们的日常生活不再仅限于所在的村落，更是与村落以外的社会发生着广泛的联系。

以往，村落就是世界；当下，世界就是村落。

人们不仅生活在村落共同体之中，还生活在远远超出“方圆十里”的更大社会之内；除了村落中的熟人，还要和素不相识的人进行接触和交往。交流的需要创造出很多混杂着乡音的普通话，形成了各种具有地方底色的特色普通话。

三是国家化。

自从有了国家之后，乡土社会便在国家治理之下。但是，在传统乡土社会，农民自发从事生产生活，除了交税，基本不与国家打交道。而只要农民交税，国家也很少过问农民的日常生活。所谓“皇权不下县”描述的就是这种情况。乡土社会主要依靠有经验有权威的长老治理，国家政权悬浮在农民之上，形成了费孝通所说“长老统治”“悬浮政权”的现象。

近代以来，为了将所有的国民集聚起来，国家开启了“政权下乡”进程。“政权下乡”的重要目的是国家化，将国家权力传递到乡土社会，按照国家意志改变乡土社会。国家为农民的生产生活提供公共服务，愈来愈广泛深入地介入农民的日常生活中。国家政权不再悬浮于乡土社会之上，而是渗透到乡土社会之中。举个例子，茫茫大草原“远在天边”，

“天高皇帝远”，很长一段时间国家政权难以触及草原地区。前几年，我到大草原上做调查，乡镇政府的公共服务一直延伸到遥远的夏季牧场，国家不再是“远在天边”，而是“近在眼前”。

这就是我们所说的，当代农村正在发生的三个方面的深刻变化。

为了了解农村社会的变化，我所在的中国农村研究院于2006年发起了“百村十年观察计划”，在全国选择了三百多个村，五千多个农户，每年进行跟踪观察，现在已经坚持了十多年，通过观察，我们发现了农村变化的几个基本走向。

第一是农村人口减少了。我们原来观察的五千个农户，其中很多农户现在离开了农村。

第二是农作物生产方式的现代化程度提高了。过去我们通常所说的锄头、镰刀这些工具已经慢慢地进入博物馆。现在手机已经成为一个新的农具。

第三是生活方式的变化，区域城市化让农民的视野扩大。我们再不能用“土气”两个字来形容农民了。

第四是国家为农村的发展提供的优惠政策越来越多。

第五是农村的文化底色还保留着。我们的观察员都是在城里的读书人，只能利用假期做观察，寒假期间正赶上过春节。他们到农村以后，立马感受到农村浓浓的年味和人情味，这给他们留下了深刻的印象。毕竟，春节期间城市就空了，成了“空巢城市”，人情味寡淡，而农村却还保留着千百年来的基调。

3 为什么说中国农村社会不是“一盘散沙”？

从乡土社会的角度看，家户、家族和村落的内部联系则十分紧密，可以说是“一盘散石”。

为什么在农村里面还保留着人情味？因为农村是传统的乡土社会，这种传统的乡土社会是自然生长出来的血缘和地缘共同体。因为血缘关系，家庭不断扩大；各个家庭和家族居住在同一个村落，又形成村落社会。我们从中国的村落名称便可以发现这一特性，如中国有大量的李庄、张村、陈家湾这类姓氏加地域的村庄名，它们都是长期以来自然形成的。在乡土社会中，要完成全部人生活动，必然要在家户、家族和村落等基本单元中寻求他人帮助。在“鸡犬之声相闻，老死不相往来”的状态下，人是无法获得生存和发展的。人们在村落中共同生活，相互依赖，相互帮助，血缘关系和地缘关系将乡土社会中的人们紧密地联系在一起，形成紧密的亲人社会和熟人社会。

中国人的话语中经常提到“关系”两个字，乡土社会就是一个关系社会。

一旦离开了各种各样的关系，人就寸步难行。正是依靠各种关系，人们牢牢地联结在一起。因此，传统乡土社会是一个自组织性很强的社会，过去说“一盘散沙”是不准确的。从国家的角度看，各个家户、家族和村落分散在不同地方，处于地域上互不联系的“一盘散沙”状态；而从乡土社会的角度看，家户、家族和村落的内部联系则十分紧密，可以说是“一盘散石”。外家、外族、外村人要进入家户、家族和村落很不容易。所以人们在拉近关系时经常讲“不要见外”，“见外”这两个字就说明你要成为自己人是很不容易的。

川西的一个村落，掩映在群山之间，由于交通不便，相对封闭

前些年，我在河北农村做调查时，要进村入户，经常面对当地人警惕的目光。作为一个陌生人，进到一个村落社会去，这很不容易。通过当地的干部带队介绍，我才顺利进了村，入了户。

在传统乡土社会，家户、家族和村落既是生产、生活单元，也是治理单元。家有家长，族有族长，村有村首。家有家规，族有族规，村有村规。人们根据家、家族和村落自我生长出来的权威和规则进行自我治理、自我调节和自我运行。当每个家、每个族、每个村都能自我治理，便可以实现“皇帝无为天下治”。我们过去的农村社会有很强的自我调节、自我治理的能力。

“皇权不下县”在于“县下有自治”。

中华人民共和国成立后，特别是改革开放以来，我国农村实行家庭联产承包责任制，并在此基础上产生了新型的村民自治。这种自治继承了历史上本村人管本村事的自治传统，但已是全新的形态。

首先，村民自治是国家法定的制度。根据宪法精神，我国专门制定了《村民委员会组织法》，确立了村民以村民委员会为载体进行自我管理、自我教育和自我服务的村民自治制度。

其次，村民自治是我国社会主义基层民主的重要内容。广大村民以村民委员会为单位，对涉及村民的公共事务进行民主选举、民主决策、民主管理、民主监督。

最后，村民自治是在我国农村集体经济的基础上形成的。由于土地等生产资料为集体所有，村民与村集体有着十分紧密的联系。广大村民只有通过共同谋划、共同建设和共同治理，才能化解矛盾，获得美好生活。

基层群众自治制度是中国特色社会主义的四大基本制度之一，也是中国特色社会主义民主的基础性制度。实行村民自治，让广大农民当好家，作好主，并不容易。在村民自治进程中必然会出现一系列新情况和新问题。如传统乡土社会自治以家户、家族和自然村落为单位，相互之间是亲人和熟人，权威和规则是自然形成的。当下的村民委员会，范围较大，人口较多，利益不同，要达成一致较为困难。传统乡土社会自治的范围有限，村落的公共权力很小。当下的村民委员会，既是村民自治组织，又是集体经济组织；既要管理村务，又要承担国家任务。村干部“官”虽小，管的事却很多，对农民来讲作用很大，如何让村干部用好权，则成为新问题。

党的十八大以来，中央推进反对农民群众身边的腐败，反映了广大农民的呼声。健全村民自治制度，有效发挥民主选举、民主决策、民主管理、民主监督的作用，防范和避免群众身边的腐败，还需要继续努力。

4 走向社区化的乡村治理

共同缔造在走向社区化的乡村治理进程中发挥了重要作用。

近年来，“社区”这一概念开始由城市进入农村，它反映了乡土社会的深刻变化。

传统乡土社会是一个熟人社会。

在一个相对固定和封闭的环境里，人们生于斯、长于斯、死于斯，早不见晚见，由此形成一种情感、一种信任、一种默契，形成一个相互依存、相互依恋的共同体。人们的行为是基于共同体约定俗成的规则。

近代以来，历史上长期形成的乡村共同体正在发生变化。中华人民共和国成立后，在农村实行人民公社体制，组织农民到公社集体中，共同生产、共同生活。公社集体组织农民管理公共事务，兴办公益事业。农村实行家庭联产承包责任制之后，土地等生产资料为集体所有，农民以家庭为单位上交农业税及其“村提留、乡统筹”，即通常所说的“三提五统”。“三提五统”中的相当一部分用于农村公共建设和公益事业，即农村集体事业由农民集体来办。由于农民负担过重，国家逐步废除了农业税，与此相关的“村提留、乡统筹”也被取消。2006年起，我国全面废除农业税，减轻农民负担无疑是一件天大的好事。但是紧接着而来的问题是，过去由“村提留、乡统筹”负担的公共建设和公益事业没有财力支持了。中央提出了通过村民“一事一议”的方式来解决。但要让村民集体商议和筹办公益事业，却遇到了极大困难。

因为当今的农村已不是传统的乡村共同体，而是一个个具有独立利益的家庭和个人组成的农村社会。在此情况下，若要由个人和家庭出资，兴办公共项目和公益事业，则更是难上加难。农村因此出现了不太和谐的状况：一方面，农民经济上有了很大改善；另一方面，农村公共事务和公益事业缺乏组织和经济支持，道路不通、垃圾遍地，直接影响生产和生活的进一步改善。我去过浙江省的一个乡村工业非常发达的富村，数层高的新房鳞次栉比，村内公共环境一塌糊涂，私域与公域的环境状况形成强烈反差。

我到安徽农村做调查，道路特别难走。我曾询问当地人："为什么你们不能把这个路利用农闲时间修一下？"农民回答说："政府应该帮我们修。"从这个例子中，我们就可以感受到过去"农村的事自己办"的传统丢失了，那么怎么办？面对困境，有问题就要寻求破解问题的办法。

湖北省秭归县位于长江三峡出口的大山区。有一个村因为山高路陡，行走困难，村民每年只能下山一次，把要吃的盐等非买不可的用品买了，一年内就再不下山了。废除农业税之后，为解决行路难的问题，该村村民自己组织起来集资修路，交通状况有所改善。当地基层干部认为这是一个好办法，但依靠原有的具有行政性的基层组织兴办公益事业已很困难。为此，他们将城市的社区概念引入农村，通过共同地域、共同利益、共同情感的纽带，将人们聚合在一起，兴办公共事务和公益事业。

建设社会主义新农村，中央积极推进城乡基本公共服务均等化，各种惠农政策出台，各种项目下乡，农村社会走向社区化。通过政府和农民的共同努力，建设和谐幸福的生活共同体。

这一共同体的建设过程，是一个"重建社会"和"创建熟人"的过程。由于农民的流动和个体利益的分化，过去的熟人社会消失，乡村共同体也开始解体，乡土社会变成了原子化的社会。我们要以社区为载体，通过社区的共同发展，重建一个紧密联系的社会。人们在创造共同生活的过程中，把高度个体化的个人凝聚起来，让由于利益而陌生的个人熟悉起来，由此就形成了一个人人参与、人人尽责的社会治理共同体。

在走向社区化的乡村治理进程中，地方和基层创造出共同缔造工作法。共同缔造工作法发源于广东云浮，成熟于福建厦门，随后在全国多地推行。通过共同缔造，凝聚共识和力量，共同建设美好环境和幸福生活。它包括“五共”，即决策共谋、发展共建、建设共管、效果共评、成果共享。共同缔造的基本单元便是社区。人们以社区为单元，共同参与，共同享有美好环境和幸福生活。

过去农民整天劳动，没有所谓的体育运动和体育场所，更没有公园这个说法。农民但凡有一点地都要种上作物，除了谷场，也就是打谷的场所。而现在农村发生了很大变化，开始修建农民休闲公园。厦门某个村兴建的一个休闲公园紧邻着一户人家的猪圈，如果政府出面拆除这个猪圈，会遇到困难。后来通过村民理事会做工作，在群众舆论的影响下，农民自己动手拆除了猪圈，自己创造了美好环境和幸福生活。

可见，共同缔造在走向社区化的乡村治理进程中发挥了重要作用。也就是说，中国农民并不是消极被动的，他们总在想办法，只要引导得当，就能激发创造力。我们需要重新认识农民。

5 为什么说农民是“中国奇迹”的创造主体？

无论是在农业文明时代，还是在现代化建设时期，农民都扮演着积极行动者的角色。

过去对农民的认识是有一定局限的。在从传统农业向现代工业社会转变的过程中，人们很容易将传统农业中的主体，农民，贴上消极落后的标签。20世纪中国有一个关于国民性的大讨论：既然中国是个农业国家，那么中国的国民性在相当程度上就是农民性。

在鲁迅先生的《阿Q正传》里，阿Q就是一个农民，他作为国民性的代表给我们留下很深的印象。在其他文学作品中，农民也大都以一种消极的形象展示在人们面前。改革开放以来，中国创造了震惊世界的经济奇迹，成为“世界工厂”。而在“世界工厂”里工作的大量人员是“农民工”。他们是“中国奇迹”的创造主体。这促使我们重新认识中国农民。

《阿Q正传》插画（丰子恺）

在悠久的历史上，中国以创造了灿烂的农业文明而著称于世。农民无疑是农业文明的创造者。他们在创造农业文明的过程中，形成了自己特有的品性。

一是勤劳。农民要通过不断劳动，与自然交换，获取生活资料。德国社会学家马克斯·韦伯曾经说："中国人的勤奋与劳动能力一直被认为无与伦比。"（《儒教与道教》）

二是勤俭。农民将消费支出降到最低限度。我们说，要当家会过日子，就是要尽量节俭、节约。

三是算计。农民安排生计，努力使自己损失最小化和收益最大化，即会过日子。中国的农民是有理性的，知道怎么样在一种紧缺的环境下生活下去：要会算计。

四是互惠。农民在日常生产和生活中相互帮助，均衡收益。"帮帮忙"是他们的口头语。

五是人情。人们在交往中因为互惠关系产生情感，并基于情感支配自己的行为。互惠关系是怎样建立起来的？就是靠长期以来相互熟悉、相互帮助的"欠人情"所形成的情感。

六是好学。农民不仅要学习农业经验，还要读书识字，期待通过学习改变命运。理想的家庭是"士农结合"，过去农村春节贴对联，会经常有"耕读传家"的横批，这就反映了中国农民的理想家庭模式。

七是求稳。农民经常面临各种自然和社会风险，他们期待有一个稳定的环境和生活，即所谓安居乐业，小富即安。

八是忍耐。为了在不可驾驭的自然和社会风险面前获得生存，农民以其高度的韧性，努力与各种困难作战。

农民的这些品性是在长期的农业文明里形成，并内化为惯性思维和下意识行为的。这种习惯不会因为农民进入城市务工而马上改变，当它们与工商业社会相结合时，可以产生两种文明优质要素的叠加效应。正是这种叠加效应使得农民进入工厂之后，能够以其特有的品质创造财富，

驾驶拖拉机满载而归的农民

并在这种创造中提升自己。我曾经跟踪观察过在深圳务工数十年的农民工。他们每天工作十多个小时，且自愿加班。这在城市人看来不可思议。但在农民工看来，只有这样才能获得更多收益，回到家乡更有“面子”。

由农民工历史我们可以进一步看到，无论是在农业文明时代，还是在现代化建设时期，农民都扮演着积极行动者的角色。特别是在中国共产党这一先进政党的领导下，农民在历史变革中发挥着积极作用，不仅以自己的行动改变环境，同时也在改变自己。从土地改革到土地承包，从新农村建设到乡村振兴，从现代农业到走向世界，农民都在其中扮演着积极角色。新时代的农民早已告别百年前“阿Q”式的农民形象，传统的乡土社会也将在他们手中变为现代化的美丽乡村。

徐勇的延伸书单

- 费孝通:《乡土中国》，北京大学出版社，2012年。
- 黄树民:《林村的故事：一九四九年后的中国农村变革》，素兰、纳日碧力戈译，生活·读书·新知三联书店，2002年。
- 李培林:《村落的终结：羊城村的故事》，生活书店出版有限公司，2019年。
- 徐勇:《中国农村村民自治》，生活书店出版有限公司，2018年。

山西太原某房地产开发项目的施工现场

第七讲

城乡关系

——城市化进程中的土地产权（20世纪80年代至今）

刘世定

北京大学社会学系退休教授
北京大学中国社会与发展研究中心研究员

在迅速发展的城市化进程中，土地问题一直受到广泛关注。无论是土地承包流转，还是农村用地向城市建设用地的转换，以及近年来广泛讨论的小产权房问题，都反映出一种特殊的产权制度现象——同产不同权。这种产权制度现象在社会生活的方方面面都产生了深刻的影响。

在本讲中，北京大学社会学系退休教授、中国社会与发展研究中心研究员刘世定，将从土地差权这一独特视角出发，运用经济社会学的方法和视角，带我们重新审视城乡关系及其背后的产权制度。

1 经济社会学为何关注产权变迁？

从社会认可的角度来看待经济资源的占有，这是经济社会学家的一个基本研究视角。

在经济学和社会学的互动中产生的经济社会学，是近年来比较活跃的一个领域。20世纪30—70年代，经济学和社会学之间出现过一段关系疏远的时期。二者研究的领域并不重合，经济学研究和经济生活有关的问题，比如市场、厂商，以及后来的经济制度等问题；但是社会学回避了这些问题，一度被称为“剩余策略”：经济学不研究什么，社会学就研究什么。这个状况到20世纪70年代以后被打破了。

经济学家加里·贝克尔首先运用经济学的一些分析工具介入传统

加里·贝克尔
Gary Becker，1930—2014

美国著名经济学家与社会学家，芝加哥大学教授，芝加哥经济学派代表人物之一。贝克尔是首位将微观经济学方法应用到社会学分析的经济学家。1992年因“将微观经济学的分析视野拓展到非市场经济领域的人类行为之中”，获诺贝尔经济学奖。著有《歧视经济学》《人力资本》《人类行为的经济分析》《家庭论》等。

马克·格兰诺维特
Mark Granovetter，1943—

美国社会学家，斯坦福大学教授。主要研究领域为社会网络和经济社会学。1974年提出弱关系理论：区别于与互动频繁的亲朋好友之间的强关系，社会上更为广泛存在的是人与人之间的弱关系，前者带来的往往是同质性的信息，后者则能带来通过强关系无法获取到的信息，从而在信息的传播中发挥更大的作用。著有《找工作》《社会与经济》等。

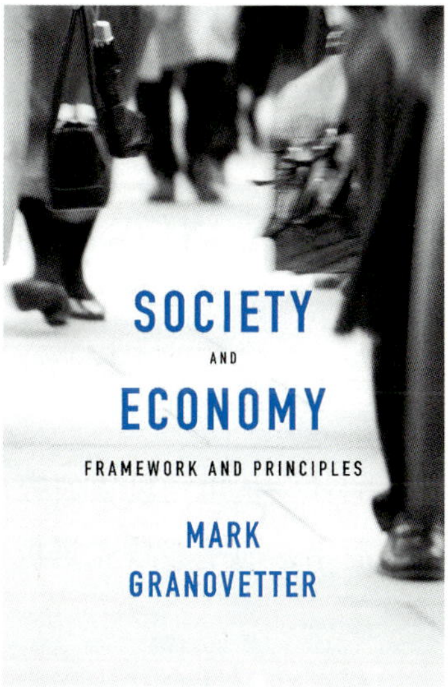

《社会与经济》（*Society and Economy*），哈佛大学出版社，2017年

社会学的研究当中，比如说社会学研究社会歧视、越轨以及家庭、婚姻、人口等问题，他也开始利用经济学的工具研究相关问题，打破了此前经济学和社会学研究领域的界限。他在《人类行为的经济分析》（*The Economic Approach to Human Behavior*）中正式提出，社会学的一系列问题可以用经济学的方法来进行研究。与此相应，也有一些社会学者开始运用社会学所熟悉的、社会学传统中积淀下来的一些理论和方法，进入传统经济学的研究领域，比较有代表性的是斯坦福大学的马克·格兰诺维特，他用网络分析的方法来研究市场。

此后，两个学科之间的研究边界越来越模糊，直至最后消失。经济学关心的问题，社会学也进行研究，反之亦然。它们的差别很大程度上反映在研究视角、研究方法以及理论工具的不同。

而经济社会学则在这两个学科的互动中，从不同的学科中吸取要素，来组织或者建构新的分析架构，再分析此前受到关注（或忽视）的问题，这是经济社会学的特点。

在这一背景下，产权成为经济社会学关注的一个重要领域。中国的经济社会学还特别关注产权的变迁，产权的变迁是自20世纪70年代末以来的中国社会变迁的重要表现，中国的经济社会学者由此发展出了一整套产权社会学分析方法。

在传统经济学的产权研究中，给定产权结构或制度安排，再分析这种制度安排的效率，是通行的做法。在具体分析的时候，经济学家主要强调产权是否明晰。在中国，经济社会学的产权研究呈现出一些独有的特点：

第一，从对经济资源占有的社会认可角度去研究产权。它不是简单给定一个产权结构，然后分析后果，而是会首先辨析什么叫产权或者什么叫权利。

从社会学的角度来讲，权利存在于社会共识当中——不是有明文规定就能自然成为权利的。所以

社会学家看待产权，会把它看作“对经济资源的占有状况得到社会认可”的权利。

这样看来，分析产权归属，需要用社会学研究的传统方法，深入真实的生活当中，检视人们对相关规定是完全认可，还是部分认可，或是根本就不认可。从社会认可的角度来看待经济资源的占有，这是经济社会学家的一个基本研究视角。

第二，怎么去看现实的占有状况？情况往往比较复杂。从传统的产权经济学的架构看，产权具有完全的排他性、自由行使等特点。这套架构虽然也能使我们看到一些东西，但是对于我们实际生活中的复杂现象，并不能准确地把握。它通常能告诉我们中国的产权制度“不是什么”，却很少能够告诉我们它“是什么”。

在经济社会学的产权研究当中，我们着重探讨占有的细节，注意把很多经济学家认为是模糊的、残缺的表述给描述出来。在这方面，不同的研究者也形成了不同的研究框架。

我曾经提出过一个占有的三维结构。第一个维度是排他性方位。传统经济学认为占有就是完全的排他。实际上，占有和产权的排他性不是可以简单画等号的。我们观察到占有往往对某些主体排斥，对另一些则不排斥，比如对政府这种来自纵向的力量，占有的排他性就是比较软化的。占有的排他性方位是一个变量，需要分解开来考虑。第二个维度是占有的方式。占有的方式各种各样，能怎么占有，不能怎么占有，自由度有多大，不同方式有很大差异。第三个维度是占有的时间限度。比如我们现在实行的农村土地承包，那是有限期的，而且期限还在不断调整。从这三个维度，我们可以摒弃原来简单化的描述，更好地呈现不同产权的特点。

第三，在经济社会学的产权研究当中，要特别注意产权制度和其他制度及社会规范之间的联系。有一些产权安排，可能是在其他社会规范的基础上进一步构建出来的，所以经济社会学家特别注意将产权和其他制度、规范联系起来研究。

2 同产不同权是身份制度赋予的？

同产不同权是一种特殊的产权制度现象，但这并不意味着它只是无足轻重的特例。

下面我们讨论一个“同产不同权”的概念，它有着深刻的理论基础，也是城乡关系研究中非常重要、现实的问题。

同产不同权

也可以叫作同产差权，指的是在非经个人之间有限授权的条件下，不同主体掌握同样资产的时候，拥有不同的产权结构。而个人之间通过授权，规定资产只能如何使用，不能叫同产差权。如果用上文提到的三个维度来描述产权结构，那么同产不同权意味着不同的主体掌握同样的资产的时候，其排他性方位、使用方式、占有的时限也会相应不同。一言以蔽之，同产不同权描述的是不同人掌握同样资产，却拥有不同权利的一种状况。

同产不同权是一种特殊的产权制度现象，但这并不意味着它只是无足轻重的特例。当我们从产权的角度分析中国的城乡关系时，会看到这一制度在很多方面都有着非常深刻的影响，业已成为影响农村、城市居民的一个突出现象。

中国有两大基本产权制度：一个是国有制，比如城市土地归国有，还有部分矿山或者农村的某些土地也归国有；另一个是集体所有制，大量的农村土地是归农村集体所有的。这是我们法律上的一个基本安排。同产不同权现象，很大程度上和这个背景有关系。在当前迅速发展的城市化过程中引起广泛关注的土地问题，如农村集体所有的土地要转换成建设用地，承包地在不同人之间流转，以及这几年谈论较多的小产权房等，都涉及差权问题，我们有必要把它放到城乡关系里谈。

产权结构比较中的差权有不同的类型，从权利连带的角度看，大致可以分为客体连带的差权和主体连带的差权两种，而同产不同权属于后者。

客体连带的差权

的特点，是不同产不同权，和特定资产连带相关，与主体没有关系。举例来说，在中国台湾地区，虽然土地是私有的，但是农地不能根据所有者自身的需要被自由处置。比如，一块农地既可以由原来的农民所有并耕种，也可以被公司买下来，但还是要投入农用。即农地不必农有，但是要农用。在这种情况下，权利不会因为在你手里和在另一个人手里就不一样，权利都是一样的，差权的原因与主体没关系，它是客体连带的，谁拥有这块土地都要将其投入农用。

再举个例子，随着环境保护意识的提高，一些国家或者地区对影响当地环境的湿地的利用方式做出了规定，比如不能任意排水。而其他地方，比如坡地，则没有这个规定，愿意排水就排水。任何所有者都无法对湿地自由处置，这是出于保护环境的需要。不同的物品，有的可以随便用，有的不行。这类差权，就属于客体连带的差权。

主体连带的差权

是指和主体的特征连带的产权结构差异，比如主体是农村居民，你拥有的产权就和城市居民不一样，或者主体是国家或政府，那就和农村集体所拥有的资产权利不一样。

主体连带的差权和客体连带的差权，它们的存在、延续有不同的社会基础条件，也会导致不同的社会经济后果，不应该被混淆。我们下面主要讲的是主体连带的差权，简称为差权。

不同主体掌握同样的资产后，拥有不同的权利结构、权利集合；权利集合不同，带来的收益大小也不同。比如农村拥有的可耕地，在城市化过程中，农民却不能自主地把它变成建设用地，相应地也无法得到建设用地所带来的土地升值。

在这种情况下，主体利用不同的权利来获取可能的收益时，收益和权利的大小有关联。拥有的权利大，就可以考虑把资产用于带来更高收益的领域；拥有的权利小，即使看到获得更高收益的途径和方法，往往也没法加以利用；在实际运用中，获取的收益就可能存在差异。我们把这种源于权利集合的差异带来的收益差异，称为“差权租”。“租”的意思不是租金，而是借用了经济学上“特殊的高收益”的概念，指其他人没法平均化的收益。

经过经验观察，可以发现主体连带的差权又分为两类，一类是制度先赋的差权（制度事先赋予的差权），还有一类是经过行动者的行动（争取）而获致的差权。

制度先赋的差权

是指在制度上事先确立差权的存在，并明确不同主体之间的差权，主体无须通过竞争性的活动（包括政治、社会、经济的竞争），就可以获得的差权。制度先赋的差权是身份制度赋予的差权，体现了主体身份的不平等。

获致的差权

是指在制度上事先确立差权的存在，但是谁成为多权的主体，谁成为少权的主体，不做事先安排，不同主体可以通过竞争活动来争取；成为拥有多权的主体，获得更多的差权租。经济学的寻租理论，实际上研究的正是这种获致的差权。

3 围绕土地差权租的博弈

事后补偿在社会合理性上是能够得到某些支持的，毕竟少权方是在信息不对等的情况下进行交易的。

虽然制度先赋的差权规定了不同主体的不同权利，但是只要资产可以在不同主体之间转移，差权租的存在就会使多权方和少权方围绕差权租展开争夺。如果博弈双方都知道差权租的存在，而且资产又要从少权方转给多权方的话，那么少权方就会在这个过程中设法获得更多的差权租（我不能全让你得了吧？）。双方展开对差权租的争夺后，因条件不同，会形成不同的博弈，产生不同的后果。

从这些年我们观察到的现象，以及其他社会学家做的一些经验研究来看，博弈主要有下面几种类型。

第一种类型是在差权租信息对称条件下的讨价还价的博弈。

假定差权租的存在和数量在潜在的争夺者之间是共同知识。多权方得到少权方的资产，可以获得差权租；而少权方通过把资产转给多权方，也能分享差权租。同时，多权方不能强制少权方转移资产，他们之间拥有一定的讨价还价的空间。在这种情况下，双方就可能发生讨价还价的博弈：我知道我的资产到你手里可以有更大的价值，我自己没法干；但是要我转给你，你就得给我好处。这种博弈以双方各自能接受的底线为边界，存在各种可能的均衡结果。在理想的条件下，乡村集体组织和国有产权代表方之间的博弈，更接近于这种类型。

我们知道，即使集体所有的土地在空间上和城市的扩张相衔接——比如城市扩张过程中形成的所谓城中村——集体产权的土地仍然不能直接用于城市建设，或在城市建设中获取全部收益，因为它本身还是集体所有的土地。

近年来，我们看到中国一些地方着手推行农村土地流转改革试点。我们调查了解到试点的一些内容：属于集体产权的土地，经过有关部门的批准，可以通过交易转变为国有产权的城市建设用地，进入交易过程。这种交易虽然认可双方的讨价还价，但事实上仍然需要经过批准，在承认差权租存在的框架之内进行。需要注意的是，乡村集体拥有的产权处置权利和国家是不一样的。

第二种类型是在差权租作为共同知识条件下的准单方决定的博弈。

在博弈论当中存在一种博弈类型，就是一方出方案，另一方只有接受的选择。这是一种非常简单的博弈，我们把它叫单方决定的博弈。不过，这里的准单方决定的博弈，和最标准的单方决定的博弈模型还不太一样。

这种类型同样假定差权租的存在和数量是潜在争夺者之间的共同知识，但和类型一不同的是，多权方在某种条件下，比如说得到一些社会力量支持，或者出于某种政策的需要，从而具有少权方不可抗拒的强制力。多权方可以不按少权方的意志，不以分享差权租的方式获得对方的资产。

我们在经验研究中看到，少权方虽然不能拒绝多权方获得资产的要求，但可以用各种方法来拖延抵制，让获得资产的过程不是特别顺利，从而增加多权方的成本。考虑到这种成本的存在，多权方并不能一厢情愿地获取对方的资产，因而必须考虑使对方获得一定的收益。

除了考虑到少权方拖延抵制所产生的成本，多权方给予少权方的补偿量，特别有赖于以下两个因素：

第一，在更大社会范围内，对合理补偿量的认可标准。我们前文提到，关于产权，社会学特别关注社会认可的问题。对方虽然没有力量不接受你的要求，但是还有社会舆论的压力。所以多权方必须要考虑在更大的社会范围内，什么补偿是合理的，虽然标准并不明确。

第二，多权方本身也有其内化的社会价值。我们社会学特别关注这一点。传统经济学认为，一方只是追求自己利益最大化，不管对方的诉求，实际上这种假设并不能得到实验心理学的支持。怎么做才是合理的？多权方内化的社会价值在这个过程中还是会起作用的。

在当代中国，出于某种需要（修公路、修铁路），政府对农村集体土地的征用就接近于这种类型。

在改革开放早期，20世纪90年代以前，某些地方政府对农村集体土地的征用就比较极端。从当时的调查资料看，给予农民的补偿，仅仅依据征地前若干年的农业平均收益来计算。比如说计算一块农田三年的农产品的平均收益是多少，然后按照这个额度进行补偿，至于失地农民的再就业或安置工作，补偿则不涉及了。实际上，这是以少权状态下的收益为基准计算的补偿，显然农民在土地产权主体转变的过程中基本上分享不了差权租。

以上两种类型都假定双方知晓差权租的所有情况，如果差权租信息在开始的时候不完全，随着事件进展逐渐显现，则会出现

第三种类型，即围绕事后道德利益补偿的博弈。

这也是我们在经验调查中观察到的。

这种类型假定多权方预期得到少权方资产后可以获得差权租，且不能强制少权方转移资产；但少权方由于缺乏信息，不知道差权租的存在，或者不知道差权租有那么多。这个时候，双方可能在等于或者略高于少权方收益的条件下达成交易。但是，随着资产被多权方使用，差权信息逐渐被少权方了解到，并开始质疑当初交易的合理性，由此就发生了事后有关道德利益补偿的博弈。

这种博弈在法律上缺乏充足的根据，因为交易已经完成，合同文本俱在。不过事后补偿在社会合理性上是能够得到某些支持的，毕竟少权方是在信息不对等的情况下进行交易的。我们可以看到，最近这些年围绕土地征用发生的历史遗留问题的纠纷，受到广泛的关注，很大程度上就属于这种类型的博弈。

以上就是差权租的三种不同博弈类型，并不涉及具体的博弈主体，但在中国差权租的存在有一个背景性条件，即政府作为一方主体所带来的差权。

4 政府作为主体带来的差权思考

当一种制度的社会认可出现严重危机的时候，一系列的社会问题乃至政治问题都会产生，如何回应社会认同危机将决定这种制度的未来命运。

差权的主体多种多样，其中值得特别关注的是政府。作为产权的重要界定者，政府不仅为社会各方界定产权，也有可能把自己界定为差权一方的主体，特别是多权方。

政府把自身界定为多权方的现象在很多场合都存在，也有其历史传统。中国历史上有盐、铁、茶的政府专营，从产权的角度来看，正是政府作为多权方的一种产权制度安排。

在当代，这类现象也存在于很多场合，比如在土地和房产资源的产权安排方面有小产权房、大产权房的区分。大产权房就是政府在国有土地上建的房子，拥有一系列的权利，政府提供法律保护；小产权房是在集体土地上面建的房子，比较缺少保护。这里存在一个需要进一步讨论的理论问题：政府帮助界定产权，交易双方可以是平权的，不一定存在差权租，但为什么政府会把自己界定为多权方呢？

根据经验研究和理论分析，大概可以总结出两条根据：

第一，产权集合中的某些部分，存在外部负效应。比如说农地，它涉及人们最基本的需求。如果农地都可以任意处置，就可能会在某些时候导致农产品供应的问题。这种情况下，如果政府认为自身控制外部的负效应比控制其他主体行使产权带来的负效应（付出的代价）更低的时候，政府就会倾向于成为差权主体的一方。

第二，产权集合中的某些部分，影响着某些发展目标的实现。当政府认为直接掌握差权，将更有利于某些发展目标的实现时，可能就会使自身成为差权主体的一方。

因此从控制外部负效应和实现某些发展目标出发，政府倾向于成为多权方，但是政府成为多权方并不必然意味着政府一定要获得差权租。所以以上两点并不能成为政府获取差权租的根据，我们还需要对政府行为做进一步的分析：它为什么不仅要成为多权方，还要获得差权租？

从20世纪90年代后期以来，对中国土地财政的研究已经明显揭示出土地差权租和政府财政收入之间的联系。周飞舟在这方面做了很多研究，从他的著作中，我们可以明显看到，

所谓的土地财政实际上是土地差权租的财政。

这说明，政府获得差权租的行为实际上和它对财政目标的追求之间是有密切联系的。

我也带学生做过这方面的调查。他们发现，对于某些地方政府获取土地差权租后的财政支出，中央政府进行了事先的限制，比如说规定获得的土地财政收入必须要用于补偿农户。在这种财政安排下，地方政府的可支配收入就和差权租失去联系。由于对土地差权租的获取缺乏激励，这些地方政府就不会过度追求土地财政，甚至会退出差权租博弈。和周飞舟研究的土地财政案例对比来看，我们能看到其中的财政动力确实是很强的。

这从另一个侧面反映出，政府成为多权方并且获取差权租的行为，和它的财政目标之间有密切联系。任何政府都有财政目标的追求，但是不是任何政府都能为自身的财政追求设置差权租的。政府为自身设置差权租的行为，被道格拉斯·诺思（Douglass North）认为是一个比较难以解决的问题，政府一方面为社会成员界定产权，降低他们之间的交易成本；另一方面又在产权界定中，追求自身的利益。这就是所谓的“政府悖论”。政府可能为了自身的利益设置差权租，导致它的产权设计无法达到最高效率。

政府之所以能够为自身的财政追求设置差权租，最深刻的根源还在于缺乏一个约束机制。约拉姆·巴泽尔（Yoram Barzel）在诺思的产权理

论的框架下建构出了自己的国家理论，认为需要一个集体行动机制来约束政府行为。这意味着在政府设置差权租的时候，大家共同讨论这样对社会有什么好处，我们缺乏这样一个机制。

下面我想讲一讲差权租安排的效率和社会认可问题。

差权制度以及相应的差权租意味着依靠身份垄断可以获益，这将导致多方面的效率损失。

第一，这种制度导致了多余的交易。前面我们已经指出差权租的存在导致多权方和少权方特殊的博弈和交易。相比于无差权制度，这种交易常常是多余的，在其中消耗资源是一种效率损失。

第二，这种制度通过把少权方排除在多权方能够进入的领域之外，弱化了这些领域中的竞争，而竞争的弱化会导致效率的损失。

第三，在当代平等主义观念日益深入人心的背景下，差权租的争夺会诱使人们质疑主体连带的差权制度安排的合法性。近年来“找后账”的事情不断发生，其中就潜伏着对合法性的质疑。差权租越高，质疑也

现阶段我国农村土地实行集体所有权、农户承包权、土地经营权“三权”分置

会越强烈，双方的摩擦会带来不可忽视的社会认可成本。

如果社会认可成本的存在，并没有激励社会成员把差权制度改革为更有效率的制度，而是陷于制度的摩擦当中不能自拔，那么社会认可成本就会成为一种无效率的标志，并将持续产生摩擦。

在当代中国的城乡关系中，差权制度面临着经济效率的损失以及无法得到持续的社会认可等问题。当一种制度的社会认可出现严重危机的时候，一系列的社会问题乃至政治问题都会产生，如何回应社会认同危机将决定这种制度的未来命运。

我们看到，政府现在越来越关注差权租的问题，并采取了一些措施，包括有序的土地流转等，来逐渐缓和差权租所带来的效率上和社会认可上的问题。但是这些问题将怎样进一步演化，还需要我们更多的观察，社会学总是要跟在经验事实的后面进行思考的。

刘世定的延伸书单

- 刘世定:《经济社会学》，北京大学出版社，2011年。
- 沈原、刘世定主编:《经济社会学研究》集刊（第1—7辑），社会科学文献出版社，2014—2022年。
- 张静主编:《中国社会学四十年》，商务印书馆，2019年。

现代家庭产生于工业革命之后，其最重要的结构特点就是核心化，
现代家庭也被称为核心家庭

第八讲

家庭关系

——家庭社会学里的个体、性别与代际（20世纪50年代至今）

吴小英

中国社会科学院社会学研究所研究员
性别与家庭方向博士生导师

家庭关系是中国社会极为关切的话题之一。家庭不仅是重要的社会组成单位，承担着生命的延续，更是承载人们日常生活、情感与亲密关系的重要场所。然而，一个不容忽视的事实是，当下家庭的传统功能正在淡化，家庭的结构和关系正在发生转变——家庭或许正在被重新定义。如何理解中西婚姻观的差异、性别关系的转变，以及年轻人不婚趋势上升的深层原因？如何看待“啃老”、家长权威的削弱，以及亲密关系的疏离等社会现象？

在本讲中，中国社会科学院社会学研究所研究员吴小英将从家庭社会学的角度，聚焦个体、性别与代际问题，解读社会变迁中家庭的变与不变。

1 什么是家庭？

更前卫一点的说法认为，家庭是一种以婚姻或同居为生活方式的个人选择。

家庭是一个非常日常的、常规的话题，因为每个人都是在家庭中出生、成长的。当我们谈家庭的时候，你的脑海中会出现什么呢？可能是列夫·托尔斯泰的名言："幸福的家庭是相似的，不幸的家庭各有各的不幸。"从社会学的角度来说，

幸福的家庭不一定都是相似的，不幸的家庭反而可能背后有非常相似的内在逻辑。

为了解释这个问题，我先讲讲什么是家庭。

在英文中，指代家庭的有family、home、household等不同的词。当我们说family的时候，我们更加注重的是家庭成员之间的关系；我们讲home的时候，可能指的是作为居所的家庭，即使它只是你租的一个房子，却是在这个城市里当下属于你的家，这就是home的含义；还有一个词household，我们有时候会把它翻译成家户，指社会结构中的一个单元，有明确边界，比如人口普查中的家庭概念，指的就是家户。

在中国的传统文化中描述家庭的词汇也很多，比如"家族"，指的是更大的家庭，同一姓氏都在一个家族里面；"家人"，家庭里面当然应该拥有不同的家人；还有"亲戚"，指的是在小家庭之外有关联的亲属。家庭的概念可以非常窄，也可以非常宽泛。

通常我们说家庭的时候，首先会想到以婚姻缔结和血缘关系为纽带组建的家庭。比如说结婚成家，这是婚姻的缔结；然后是孩子出生，这是血缘关系的延续。除此之外，通过寄养、收养等社会关系，也能

组建家庭。当然在法律意义上家庭还有更多更精细的界定，我们在此不作讨论。

在社会学中，我们会关注家庭的几个特点：第一，“同居共财”，指的是家庭成员长期在一起共同生活，财富共通；第二，家庭是一个传宗接代、延续香火的单位，传统的家庭非常强调这一点，能否生养是家庭能否延续的关键；第三，从功能的角度看，家庭是育儿和养老的保障；第四，家庭还是成员之间长期分享情感、性和亲密关系的一个私人的场所。除此之外，我们常说，家庭是个人生活的避风港，家庭成员之间要同甘共苦。虽然同一个家庭的人不一定都能同甘共苦，但是即使这样，我们还是认为家庭是用来躲避风险、饱含温情的兜底单位。

从社会的角度来看，家庭是维持社会秩序的基本单元。

当所有的人都选择单身的时候，社会风险会加大；只有当一部分人或者大部分人选择结婚，小部分人选择单身时，才能构成一个多元化的社会。从精神和文化的角度来看，家庭通过私人生活来传承文化，是传递道德规范的场所。

更前卫一点的说法认为，家庭是一种以婚姻或同居为生活方式的个人选择。从这个意义上看，

家庭只是实现个体幸福的一种方式而已。既然如此，成员就可以根据自己的喜好来选择婚姻、同居或者单身家庭等不同的家庭形式。

2 社会学家如何看待家庭？

双系双轴并重，显示了夫妻之间、亲子之间的关系更加亲密和平等。

社会学一般从家庭结构、家庭功能、家庭关系等角度来考察家庭及其本身的变迁。

如何从结构层面来理解家庭？

现代家庭理论产生于工业化之后，特别强调工业化和现代家庭之间的亲和性，所以现代家庭最重要的结构特点就是核心化，现代家庭也被称为核心家庭（nuclear family）。

核心家庭有两个特点。其一是小型化。

好多代人聚族而居，往往被称为主干家庭；一对父母和他们的未成年孩子们共同生活，就是核心家庭。中国人所说的小家庭，指的就是只有父母和孩子的核心家庭。

其二是多元化。

核心家庭的形式多样，比如不生孩子的丁克家庭，只有一个孩子的独生子女家庭，离婚再婚的重组家庭，甚至包括单身家庭、同性恋家庭等。

核心家庭出现的根本原因是，工业革命以后工作和家庭作为两个不同的场所被分离开来，这促使家庭分工更加明确，家庭内部的男女分工也更加明晰化。在西方中产家庭里，男性负责“挣面包”，女性做全职太太，这在过去一直都是占主流的家庭模式。家庭本身变成具有隐私性和排外性的独立空间，内部更加强调家庭成员之间的亲密关系。

改革开放以后的数十年间，中国社会急剧变化，社会学家称之为转型社会，社会结构非常复杂。从最近几次的人口普查数据来看，中国核心家庭的比例在不断升高，但并没有成为唯一的、最主要的家庭形式。有趣的是，与核心家庭相对的主干家庭，它的比例也在不断升高，两者共同成为中国主流的家庭形式。

以国产电视剧《人世间》为例，剧中的周志刚一家是一个非常典型的主干家庭：周志刚夫妇与小儿子周秉昆一家四口，三代人住在一起。而女儿周蓉和她的丈夫没有跟长辈住在一起，甚至把小孩都扔给周秉昆抚养，周蓉一家是比较典型的核心家庭。

转型期的中国家庭还有一些其他变化。随着老龄化、少子化的加剧，近年来空巢家庭的比例在不断上升；同时由于中国独具特色的城乡二元体制，农村家庭的某些成员到城市里打工，却无法定居下来，造成了不少留守家庭、流动家庭；更有甚者，父母双方到城市打工，把孩子留给老人照看，产生了大量隔代家庭；还有所谓的轮值家庭，指的是城市中的双职工家庭，父母都要上班，孩子没有人看护，只能先送到丈人、丈母娘家待两天，再送到公公、婆婆家待两天，变成轮值的形式。

以上这些灵活多样的家庭结构，是中国社会转型期一个非常有特色的现象。

家庭的传统功能出现了哪些变化？

上一节提到的生儿育女、养老等，其实都属于家庭的功能。

工业革命以后，家庭的传统功能逐渐弱化，市场、社会和国家开始替代传统家庭的一些功能。

首先是生产、经济的功能。过去的家庭作坊在家庭层面就能完成生产，现在很多人都是到公司上班，以工资为主要收入。当然也有一些夫妻店依然可以在家庭层面进行生产，但这已经不是主流。

其次是教育的功能。子女的教育现在大部分由学校和公共教育来承担，真正在家里完成全部教育的例子非常罕见。此外，前面提到的育儿和养老问题，现有的如养老金制度、育儿津贴政策等，虽然并不能完全满足育儿和养老的需求，但社会上也已经出现了各类家政服务项目，这些都表明国家和社会已经承担了一部分家庭的传统功能。

再次，情感方面的需求有时候也不一定借助家人来完成。闺蜜、好朋友，甚至网上某一个网络社群，都能提供情感支持，或许还更加强有力。

这样看来，

现代家庭已经日益简化为消费意义上的单位。

消费很多时候不一定以家庭为单位来完成，个人也能产生消费，不过家庭完成的消费依然占非常大的比例，比如说购房，这就是一个家庭意义上的行为，而且可能由好几家共同完成。

从功能的角度来看，人们对婚姻的需求，其实是降低了。

即使你不结婚，一个人在这个社会上生活，只要你有固定的收入，有朋友，有基本的社会保障，也是可以生活下去的。婚姻本身的吸引力在下降，并且考虑到出轨、离婚等事件的增多，婚姻的风险本身反而在加大。由此我们就可以理解现在年轻一代为何不再热衷于结婚了。

目前我国的社会保障还有不足的地方，国家和市场在多大程度上能够替代家庭的功能，仍需要观察和探讨，个人对家庭还有很大的依赖性。特别是年轻一代的结婚、买房、生娃、养老，每一个阶段几乎都离不开家庭的支持。我们观察到，家庭的一些传统功能，在过去的5至10年之间又重新出现。在这个意义上，我们说家庭的功能一方面衰落了，另一方面又有加强的趋势。

家庭关系："双系双轴并重，亲密有间"

核心家庭的标志性特点，就是前面提到的核心化、孤立化。小家庭的边界是非常清晰的，在这个边界内的是亲密无间的家人，在边界外，则与亲属之间保持着一种疏离的、有界限的关系。

这是一种非常理想化的关于核心家庭的表述，在现实生活中很难找到完全符合的例子。即使在西方国家，功能强大的核心家庭，与亲属之间也不是毫无关系。圣诞节的时候，一家几代人团聚，都是"雷打不动"的固定活动。

所以这种关于核心家庭的机械化的理解，在家庭社会学中已经受到越来越多的质疑。很多人开始强调，家庭最重要的变化不在结构方面，而在关系方面。

从关系的方面来看，家庭的变革主要体现在家庭的重心上。我们概括为"双系双轴并重，亲密有间"。

双系指的是父系和母系，双轴指的是亲子轴和夫妻轴。在现代家庭中，男女双系已经基本上拥有同等权重，也就是说娘家的地位上升了，家庭里不仅有婆媳关系，与娘家这边的关系也越来越密切。而家庭内部的重心也开始从传统的纵向亲子轴转向了横向夫妻轴，夫妻关系的重要性上升了。

双系双轴并重，显示了夫妻之间、亲子之间的关系更加亲密和平等，性别关系和代际关系都出现了民主平等的趋势。出现这一趋势的原因在于，理想状态下的现代核心家庭这个小小共同体的内部，越来越强调个人隐私和自主性，家人之间的个人权利也受到更多尊重。

在转型期的中国社会，双系化的倾向很明显，夫妻轴和亲子轴关系一直是并重的。不过，也有人认为亲子轴的关系在过去几年中的地位好像还比原来上升了。因为很多人觉得现在婚姻靠不住，而亲子关系是永恒的，所以在买房的时候父母和家庭的辅助支持作用是非常大的。

核心家庭内部的关系如上所述，我们再来看看核心家庭和亲属网络之间的关系。按照现代的家庭理论，随着工业化的加深，在城市里传统亲属之间的关系就变淡了。在中国，亲属关系是有些疏离，但并不明显，总体来说亲属网络依然是非常重要的一个关系网络。不同的省份和地区可能有文化的差异，沿海和东北地区的情况甚至非常不同，但我们依然可以观察到亲属网络和家庭之间密切的关系。

在代际关系方面，我们观察到一种矛盾性的特点，一方面由于现在的社会变化比较快，社会观念也瞬息万变，划分代际的时间距离越来越短；但另一方面，在家庭实践中，几代人之间所形成的互助共同体是非常稳固的，有学者称之为功能性的凝聚力。改革开放以来，年轻一代更加注重个体意识、个人的自我发展等，对家庭的观念逐渐淡薄；家庭内部有着不同的价值取向，经常产生矛盾，看起来凝聚力下降了。但正因为有功能性或者情感性的凝聚力，家庭才依然能结成共同体。

代际关系在方向上也有一个很大的转变。我们讲过去代际关系主要围着上面（长辈）转，现在是围着下面（儿孙辈）转。学者把这种现象称为代际关系总体向下倾斜或者代际关系的倒置。

向年轻一代资源转移，这也是中国家庭代际关系的特点。

3 家庭的制度、观念与实践

家庭本身是带有主观性、建构性的，并且是在实践中不断更新的一个单位。

重新回到家庭概念的界定，我们可以把家庭理解成社会制度，有正式与非正式两种。婚姻、生育、人口等，都是正式制度，民间有家族、亲属等非正式制度，如若违反，会被别人批评“你这孩子不像话”，可见也是对人是有约束力的。两种制度共同体现了家庭功能性、工具性的一面。对于个人来说，家庭是维持私人生活共同体正常运转的制度和规范；而对国家来说，这种制度性就体现在家庭本身是社会秩序的基本单元，甚至能成为一种维护社会稳定的治理方式。

我们还可以把家庭看成价值性的、精神性的、观念性的存在。从观念的层面来看，无论是处在婚姻中还是不在婚姻中的人，对于婚姻和亲密关系都有自己的理解和期待，这被称为家庭观或者婚姻观，体现了家庭价值性的一面。

中国与西方的婚姻观有何不同？

中国传统的家庭、中国人的婚姻观和西方有很大的差别。中国传统文化把家庭看得很重，有学者把中国对家庭的重视或者迷恋，称为“类宗教”。比如中国结婚时候的拜堂仪式，就和西式的婚礼非常不一样。西式婚礼先是要强调“你”是否愿意跟另一个人结婚。当双方分别都说了“我愿意”（I do），两人在教堂里得到上帝的认可，婚姻就有了合法性。这中间非常强调个人在婚姻中的重要性，也就是“我”的意愿。

但在传统的中式婚礼中，一是拜天地，二是拜父母，三是夫妻对拜。这样一种仪式顺序的不同，可以看到文化上的差异。比如拜天地的含义就是，两个人能走到一起，这是缘分，两人是天作之合，得到了天地的认可，所以新人要先感谢天地；接着感谢父母的养育之恩，因为有了父母才有两人的今天；最后夫妻对拜，意即两人既然结婚了，就要相亲相爱。我们可以看到，

在进入家庭的仪式中，个人的主体性并没有显现。

现在中国的结婚仪式有一个很大的变化，年轻一代更多使用西式的婚礼，但一般不去教堂，可能在公园、花圃或者酒店举行仪式。当然也有人会两种婚礼都举办，在西式的婚礼之外，到娘家或者是婆家，就是长辈所在的地方再举行一个中式的婚礼。从中我们可以看到中国受到的西方文化影响，以及在家庭观念上发生的变化——

我们现在更加重视个体意愿和情感在婚姻中的重要性。

婚礼的演变折射出文化价值观念的变化。对于个体来说，家庭本身是情感或者价值的依托和归宿之一；从国家的层面来说，家庭也具有它的精神含义。我们前面提到，家庭是文化传承的地方，也是社会教化和规训的初级场所，现在国家非常重视家风、家教、家训，其实就是出于这样一种考虑。

实践意义上的家庭

在家庭的制度、观念层面之外，我们还可以从实践的层面来理解家庭。家庭社会学研究中有一个非常有意思的现象，理论的设想永远赶不上实践的变化。从这个意义说，我们也可以说家庭不仅是一个客观的实

体，甚至也是一种主观的存在。

中国社会科学院社会学研究所性别与家庭社会学研究室，在2008年的时候做过一次全国五城市的调查。在调查抽样的时候，我们曾经询问被访者：你个人认为的家庭成员有哪些？

我们发现调查结果千差万别，每个人心目中对于家人的认定非常不同。比如年长一辈的，一定会把已经结婚的、出嫁的女儿包含在内；但是年轻一辈人有的会把父母算在内，有的只是列出了核心家庭、小家庭的成员，也有的只把自己亲生父母算在内，没有把配偶的父母算在内。还有的受访者会把在家服务了好多年、关系特别好的保姆或者亲戚算作家庭成员，因为他们互相走动非常多。在这个意义上，家庭本身具有建构性，它和你的主观意愿、价值观都是有关联的。

前面很多老师提到费孝通的差序格局，这种像水波纹般向外扩展的、以己为中心的网络，用来解释家庭结构的时候也是成立的。费孝通不是专门做家庭研究的，但他所有关于中国社会的论述，都跟中国的家庭以及传统文化有着密切的关系。他认为中国家庭的边界是有弹性的，当中国人说到家庭的时候，指的不一定是小家庭，而可能是一个扩大了的家庭。所以费孝通把这种具有弹性边界的家庭视为一种以自己为中心的、像水波纹一般向外慢慢扩展的伸缩性网络。家庭成员也是由自己开始，向外慢慢扩展边界，从这个意义上来看，家庭本身是带有主观性、建构性的，并且是在实践中不断更新的一个单位。

4 中国人的性别与亲密关系经历了怎样的转变？

对婚姻要求的增加，加上婚姻的不可控，共同导致了结婚率的降低。

现代婚姻的观念，基本上沿袭了一种所谓典型的中产阶级的家庭理念。这样一种家庭理念建立在浪漫之爱的基础之上，以情感自主为核心，强调的是夫妻之间的平等关系，以及家庭中个体的自主性。

婚姻关系的转变

美国社会学家安德鲁·切林（Andrew J. Cherlin）曾经提到，20世纪美国的婚姻存在着两大转变：

第一个转变是从“制度型婚姻”向“陪伴型婚姻”的转变。

所谓制度型婚姻就是用社会规范和家庭角色来制约家庭中的个人。当我们说到传统家庭的时候，其成员往往都承担着相应的角色，比如说女人要生儿育女，要好好照顾家庭，男人则要挣钱养家——男主外、女主内，这是一种制度型婚姻。所谓陪伴型婚姻就是并不强行要求按照制度和规范生活，角色不再是最重要的，伴侣彼此相爱、相互携手陪伴过一生，这才是最重要的。

第二个转变是从“陪伴型婚姻”向“个体化婚姻”转变。

“个体化婚姻”强调通过婚姻，夫妻双方可以体验到个人的选择，同时更重要的是能够实现自我。在婚姻中，陪伴只是其中的一部分，好的婚姻还必须符合个人的意愿和选择，并能够使自我得到提升。

从“制度型婚姻”到“个体化婚姻”的转变趋势，被安德鲁·切林称为婚姻的“去制度化倾向”。不过，这并不代表不领结婚证，而是说制度规范对于婚姻和家庭中个体的约束力逐渐减弱。最初，领结婚证是为了更好地扮演家庭中的角色，遵守相应的制度规范。此后，缔结婚姻可能更强调情感。而现在，这些变得都不再重要，最重要的是婚姻中的个人体验。

这样一种转变的发生，由诸多因素共同推动。从结构性上看，当然是社会经济的发展。我们看到西方越来越多的女性不再做全职太太，而开始走入职场。福利国家兴起以后，20世纪下半叶，国家对于个人的福利保障已经非常完善。

除此之外，还有一个原因是技术上的进步。避孕技术和生殖技术的发展带来一个重大的变化，就是性爱、婚姻和生育之间有可能实现分离。两个人有性的关系，但不一定非要结婚，结婚了也不一定要生育，生育通过技术的手段也可以完成。加上观念的转变，比如女权主义的兴起等，这些因素共同导致了“个体化婚姻”的趋势。这种趋势带来的结果是家庭的不稳定性增加，婚姻变得更加脆弱和多元化。

中国人的家庭与情感理念

我们回到中国社会，中国传统的婚姻，比较注重门当户对、天作之合。虽然我们也会说“有情人终成眷属”，但是一旦成了眷属，重要的就不再是“有情”，而是要讲夫妻之间的规矩，在家庭内部要相敬如宾，夫唱妇随。民间所谓“婚姻是爱情的坟墓”就是对这种婚后状况比较极端的说法。

其实在中国传统的家庭理念中，我们强调的是和谐稳定，互助合作，以及家庭长期的绵延和传续。

这种家庭关系，被许多西方的汉学家称为基于算计的合作社模式。家庭成员把家庭视为一个合作社，为其贡献自己的力量，这是一种集体主义的，以经济核算为标志的，互相合作、和谐的模式。在这种合作模式中，个体情感的需求，“浪漫之爱”反而受到刻意的忽视。过去几代人一起生活，小夫妻如果亲亲热热被长辈看到了，就会受到指责，所以传统家庭是以压抑情感和个体自主为美德。当然，这种情况现在已经发生了很大的变化。传统社会里结婚是为了过日子。什么叫过日子？女的是“嫁汉嫁汉，穿衣吃饭”，男的是要传递香火，生儿育女。

传统家庭还有一个特色，就是在性别关系上是以男性为主的，体现在居住安排上，一定是女方嫁到男方的家里，跟公公婆婆共同生活，所以才会有“嫁出去的女儿泼出去的水”这样的说法。

我们知道，嫁娶在英文中只有marry这一个词，但是我们中国人一直到现在依然还有嫁和娶的分别。在传统家庭中，女性除了要接受一般家训中适用于所有人的共同道德规范约束，还需要遵守诸如《女儿经》等专门针对女性所提出的一些道德规范的要求，比如说妇德、贞洁等。女性在结婚以前要守贞操，结婚以后要洁身自好，同时要担负起生养的责任，要吃苦耐劳，服从于家庭和丈夫，并承担起相夫教子的贤妻良母角色。传统家庭中的性别关系，基本表现为女性对男性的依附。

在新文化运动的前后，随着思想转变和社会改革的推进，传统家庭逐渐被视为社会进步的阻碍。包括女性在内的许多年轻人开始逃离家庭，妇女解放运动逐步展开。新女性们追求独立的人格，希望和男性平起平坐，至少要获得婚姻的自由，摆脱父母的包办婚姻。

这期间参与妇女解放运动的主要是知识女性，一般的劳动女性还不具备这样的条件。1949年以后情况发生了很大的变化，男女平等政策开始面向所有人，并且被写入了《宪法》之中。即使是没读过书的劳动妇女，也被鼓励走出家门，投身社会主义建设，无论在家庭还是在社会中都能获得和男性同等的权利。

此时，

一种被称为“同志爱人”的婚姻观念开始形成。

进入婚姻的二人志同道合，当然也彼此相爱，不过这种婚姻模式并不意味着女人就不做家务、不守妇德，只是妇德的概念发生了变化，女人可以自由恋爱、自由婚姻，也可以改嫁。但是，在家庭中，妇女依然承担着非常重的照料责任，所以出现了所谓“双重负担”的说法。于是，在婚姻实践中，同志爱人模式为传统婚姻观念留下了一个接口。

我们再举《人世间》电视剧的例子。周家父母，也就是周志刚和他爱人的婚姻就非常类似于中国传统家庭的模式。观众基本上记不住周母的名字，只知道她是周志刚的爱人，其名字完全消失在整个故事中。这就是上一代传统女性在家庭中的角色，她们任劳任怨，辛苦地照料家人、维持家庭，甚至还得忍受与爱人两地分居的痛苦，却没有自己的名字。不过他们的下一代，比如周秉昆夫妇，其婚姻就变成了同志爱人加传统美德的模式。

我发现中国的很多男性作家，塑造的女性完美形象大都是特别传统的。比如周秉昆的爱人郑娟，她的形象除了漂亮，非常重要的一点，就是符合传统美德。电视剧中经常出现的画面是郑娟要端一盆洗脚水给周秉昆洗脚，这在现代年轻一代看来可能很难接受，但对她而言却是一个非常自然的动作。

在电视剧中，表面上看他们之间是一种夫唱妇随的关系，但实际上郑娟在家里也是有地位的，她说的话秉昆也不敢违背。当然这在电视剧中主要是为了表现夫妻恩爱，不过我们可以看到即使在同志爱人的模式中，把传统美德发挥到极致，依然有一种角色规范和秩序在里面。

中国性别关系的变化

改革开放以来，特别是独生子女政策实施之后，中国社会的性别关系发生了一个非常大的变化。女性在社会中崛起，开始突破地域和自己的小家庭的生活空间，拥有更多的选择。她们可以离开家乡，读书上大学，到大城市生活，甚至也可以出国。此时，更多的约束可能反而来自阶层，

在市场化以后，阶层的差异越来越大了，性别差异很多可以归结到阶层差异上来进行理解。

这一阶段女性的地位总体上是上升的，当然也有学者并不同意，他们观察到现在女性的就业率反而降低了，故而认为女性地位也在随之下降。对此，我们认为单纯的就业率上升或下降，并不能够完全解释家庭关系或者性别关系的变化。

整体上来看，社会中女性特别是年轻一代，发声的机会在增加。无论是在生活中，还是在网络上，很多时候女性都能发出自己的声音，说出自己的冤屈，表达她们的痛苦，这种现象在上一代那里是没有的。比如说在《人世间》中，你能听到周家的妈妈有多少抱怨吗？即使有，它能够作为一种公共的声音被听到吗？我想不会的，她没有这个习惯。

女性在社会中的崛起，不仅体现在受教育机会的增加，网络声量的增大，而且体现在家庭中娘家地位的上升。很多女性生完孩子以后，都是娘家人在照料，或者小两口在结婚后选择跟女方的母亲或者父母住在一起，而不再像从前那样一定跟公婆住在一起。甚至苏南地区还有“两头婚”或者“两边蹲”的习俗：女方结婚以后，家里依然保留着她们的房子，结婚之后夫妻两边交替居住。

当然，性别关系目前还没有实现真正的平等，由于市场的偏好和消费文化的普及，传统的性别话语仍然不时被激活。市场和消费文化都非

常强调性别，所以即使在市场经济充分发展之后，仍然出现了“妇女回家论”“干得好不如嫁得好”这样一些论调。现实中，女性在劳动力市场上相对于男性还处在一种比较弱势的地位，此外，全职主妇的人数也是在不断上升的。

为什么讲家庭要讲到社会的变迁？因为家庭归根到底是跟社会联通的，

女性在家庭中的身份改变是和女性在社会中的地位变化紧密相连的，我们无法脱离社会层面来单独谈家庭关系。

比如，现在的小家庭中，除了情感的问题，夫妻之间冲突的主要来源和需要协商的重要问题就是如何平衡工作与家庭。如果夫妻双方都参加工作，那么孩子和老人的照料问题怎么解决？这已经成为性别关系、夫妻关系需要面对的一个非常重要的课题。

人们对于婚姻的要求，我觉得越来越高了，现在谈婚姻只讲志同道合已经远远不够。志同道合是20世纪80年代的用词，现在年轻人称之为“双向奔赴”，就是“看对眼”，彼此喜欢。但仅仅是喜欢还是不够的。现在人们对婚姻的要求非常高，除了情感契合，很多人还要看物质、学历、外表是否相当，两个家庭是否门当户对，等等。此外，前文提到婚内出轨和离婚率的上升，导致婚姻的风险不断加大，与此同时，婚姻收益却看不清或者不可控。

对婚姻要求的增加，加上婚姻的不可控，共同导致了结婚率的降低。

此外，家庭所要承担的责任，这些年来也越来越多了，尤其是抚育儿童和照料老人的问题，此前国家承担得比较多，现在则更多地推给了家庭。照料上的私人化，带给了家庭巨大的压力。对年轻一代来说，结婚变成了一个需要重新权衡和评估的个人选择，而不再是“男大当婚，女大当嫁”那么简单；婚后是否立即生育，也不再是一个固定的程序，而是一个需要不断进行评估的过程。

尤其对于女性来说，因为承担了家庭中非常重要的生育和照料的责任，所以面临着更大的压力。一方面，国家、社会和市场并没有为女性提供足够的支持。另一方面，主流文化对于完美母亲的要求却越来越高。女性不仅要当个好妈妈，同时还要当漂亮的妈妈，所有的妈妈们除了要会照顾孩子，把工作做好，同时还要会剪纸，会插花，会做西点，会陪孩子唱歌跳舞，必须成为一个超级女人。

为什么会出现这个现象？

当你对女性的要求越来越高，最后高到一定程度的时候，女性只好选择放弃，这表明女性已经不再认为自己非得和家庭绑在一起。

所以，独立女性现在具有了一种新的含义，独立女性一直是一个非常正面的标签，过去人们认为独立主要是指经济上的独立，现在人们则更加强调人格的独立。许多女性认为，我即使当了全职妈妈和全职太太，也可以独立，因为我做的贡献你不能抹杀；必须由我选择自己的生活，我不能被你们安排，被你们评价，被你们贴标签。在这个意义上，自主性成了独立女性一个非常重要的标签，所有这些共同造就了家庭内部一种新的亲密关系形式。以上谈的是中国人的性别关系与亲密关系所经历的转变。

5 中国人“养儿防老”背后意味着什么？

孝道作为中国传统家庭制的核心伦理，是保证家庭秩序和社会秩序稳定延续的重要机制。

代际关系是家庭关系中非常重要的一个方面，也是家庭变革的重点。现代家庭理论中关于代际关系的表述主要集中在两点：第一，代际关系日益呈现出复杂性和矛盾性；第二，家庭内部子代的地位上升了，也就是说亲子关系更加平等、更加亲密了。

我们先来讲第一点。一方面，不同代人之间在功能、情感认知等方面，存在着相互依赖和联结的一面。社会学家把这一点称为

代际团结。

这种团结既包含功能性的团结，彼此互相帮助、互相支持；又包含情感性的团结，很多是来自天性或者共同生活的情感培养；另外还包含规范性团结。以上是不同代人之间互相支持和团结的一面。

但是另一方面，不同代人之间也存在冲突。我们前面也提到过，由于生活境遇和价值观的不同，不同代人之间的差异非常大。此外，由于社会资源有限，当不同代人同时都需要共同的资源时，就会造成代际资源的争夺。比如，有限的国家财政是要支持育儿机构还是养老机构，支持力度应该哪边大哪边小。在家庭中也是一样，比如，老人养老需要钱，孩子出国学习也需要资金支持，这个时候就需要考虑哪个排序在先。所以不同代人之间有团结的一面，也有冲突的一面，这种矛盾性的存在使得代际关系变得非常复杂。

接下来我们分析第二点，考察一下亲子关系的变化。费孝通曾把西方家庭的养老和代际关系总结为

接力模式，

甲代抚育乙代，乙代再去抚育丙代，一代一代往下传递，跟接力类似；而中国家庭的养老和代际关系则为反馈模式，亲代和子代之间的关系，建立在一种均衡互惠的基础上，我养你长大，等我老了以后你回来养我，这是基于感恩之情的反馈。

在这种反馈模式中，从经济学的角度来说，父母对子女的养育，可以视为对年老的时候获得照料和支持的提前“投资”，而子女对年老父母的赡养可以视为对父母养育之恩的报答和回报。

中国人一直有“养儿防老”的说法，说明代际关系中其实隐含着交换和互惠的内容，其背后的伦理基础，就是孝道。

孝道是非常有中国特色的观念，所以我们今天讲代际关系的时候，一定会讲到孝道。人类学家许烺光在民国时期写过一部《祖荫下》，在这本书中，他把父子关系视为中国家庭关系的轴心。他认为在中国的家庭关

许烺光

Francis L. K. Hsu，1909—1999

华裔美国人类学家。1937年考取庚子赔款留学奖金，前往英国伦敦政治经济学院攻读博士，师从马林诺夫斯基。后受费孝通之邀去云南大学教书，并进入魁阁从事研究工作。1943年，根据云南调查在《美国社会学杂志》上发文讨论中国家庭中人际合作互动的关系，从此开始剖析中国人的角色与感情。同年，受邀前往美国讲学，曾担任西北大学人类学系系主任，开创了心理人类学的研究进路。著有《祖荫下》《美国人与中国人》等。

系中，父子关系一直处在非常核心的位置，而其他所有的关系都只是父子关系的延伸。在这种结构中，父辈对子辈来说具有绝对的权威，但是这个权威并不意味着单向的父权。父子之间是一种双向的关系，许烺光用一个概念来描述，即

"父子同一"。

这种"父子同一"的关系，被周飞舟称为

"慈孝一体"。

也就是说，父亲对儿子的慈，其实反过来是儿子对自己父亲孝的体现。所以在周飞舟看来，孝道不是单方面的子女孝敬父母，孝敬上一代本身和对下一代的慈爱恰是一体两面，这样就形成家庭延续的循环，一代代往下传递。因此，孝道作为中国传统家庭制的核心伦理，是保证家庭秩序和社会秩序稳定延续的重要机制。"父子同一"在后世发生了一定的变化，很多学者都观察到代际关系中的失衡状态。这种失衡的发生有一个过程。

1 2

1 许烺光《祖荫下》（*Under the Ancestors' Shadow*），斯坦福大学出版社，1967年

2 许烺光《美国人与中国人》（*Americans and Chinese*），道布尔戴出版社，1972年。在此书中，许烺光更清楚地阐释了关于美国重夫妻轴、中国重父子轴的观点

新文化运动时期，孝道伦理被批判为封建礼教，因为当时孝道的主要内涵就是听从父母。父母包办婚姻，即使不相爱的人也必须要在一起，我们看到很多那时候的文学作品，比如巴金的《家》《春》《秋》，就反映了这种境况。新青年们经常选择离家出走，与大家庭决裂，以追求独立人格。

1949年之后，经历了集体化和社会主义改造，家庭的资源和财富支配权逐渐集中在国家、集体和单位手里。在农村，土地是集体的，工作有工分制，工分是由生产队队长来定的；在城市里，单位决定给你发多少工资。一个人的生活来源不是从家长那里获得，而是从国家、集体和单位获得，这在一定程度上削弱了家长的权威。国家力量介入家庭，导致代际关系的模式发生了一点震动。某种程度上而言，正是国家力量的干预，无形中削弱了家长的权威，使得子代获得了更大的权力。因为子代也是国家公民，公民的权利是由国家绕过家庭直接赋予个人的。考虑到当时的国家主流意识形态非常强调尊老爱幼这一套传统美德，所以传统的孝道虽然被打了一点折扣，但在很大程度上仍然得到了保留。

改革开放以后代际关系发生了较大的变化，而真正受到冲击可能是在市场经济确立和独生子女政策实施之后。学者们现在用“代际重心的向下倾斜”，或者“恩往下流”来形容代际权力关系的失衡，也就是说，在家庭中亲代和子代之间的付出和回报，出现了一个非常不对等的现象。这就是上文所提及的失衡状态。

父母含辛茹苦把家里东西都给子女，但是老了以后很多子女对父母并不是那么孝敬，代际支持基本上是单向的，是从上往下流的，而从下往上的回馈却非常少，对此，很多年轻人却觉得理直气壮。这样一种由代际关系倒转带来的变化，被学者们称为“孝道的衰落”。

我们去农村做调查的时候，走访当地的村民，发现现在的孝道已经不再是过去对父母的生养做出的感恩回报，不是为了还父母恩情，而变成一种有条件的、基于市场逻辑的相互交换：你替我看孩子，你帮着我挣钱，老了以后我就对你好一点。

改革开放后的30年里，整个社会学界做农村研究、城市研究，特别是家庭研究的学者十分关注代际关系失衡和孝道衰落，以及由此带来的老年人的各种冲突和困境，还有学者专门研究农村老人的自杀现象。很多学者把这个问题归之于市场对家庭的入侵，认为我们需要弘扬传统文化，寻找一种解决途径。

在最近的10年中，我发现这种研究风向发生了微妙的变化。2010年以来，社会学界关于代际关系和孝道的研究，已经跳脱出原来那种简单的道德批判立场，开始关注代际关系的复杂性和矛盾性，更多研究指向了前文提到过的代际合作与团结。我们看到，代际关系失衡、孝道衰落，其实只是非常表面的现象，很多学者开始揭示这些变化背后的逻辑，并论证其合理性。比如针对两代人一起买房，把父母的财富都掏空了这种情况，有的学者认为这是出自父母的责任伦理，有的学者将它视为父母自愿与子女建立起来的协商式亲密关系，还有的学者提出用孝道转型来替代孝道衰落的提法——孝道只是在转型的特殊阶段，以不同的方式呈现出来，把家庭中最需要的资源先提供给子代，然后等老年人真正需要的时候，再把资源转移过来。

越来越多的学者观察到，以90后、00后为主体的年轻一代，他们与父母之间的亲密度是前所未有的，所以我们可以看到在好多相亲节目里，一些青年人甚至是带着父母来的。

独生子女政策，使得子女跟父母之间的关系非常亲密，此外，因购房、结婚、生育等带来的不确定性的压力，让他们构成了一种风险共同体，两代人在互动的实践中重新定义了孝道的概念。

因此，现在的孝道是基于情感的共同意愿、相互支持的新的孝道观念。

中国台湾的叶光辉教授提出

以分析台湾年轻一代的孝道转型。传统的孝道是基于亲子之间不对等的权力关系，子代通过遵从社会规定的孝道，以满足角色规范的要求。这种孝道被称为“权威性孝道”。也就是说，子女之所以要孝敬父母，是因为传统伦理要求子女尽责任义务，如果子女不这样做的话，就会受到舆论的谴责。

但他认为现在的年轻人推崇的并不是这样一种孝道，而是一种源自亲子之间亲密关系的、自发情感流露的一种孝道，他把这种孝道叫作“相互性孝道”。相互性孝道是说，子女之所以要孝敬父母，是因为爱父母，希望父母幸福、快乐，有时候甚至为了讨父母的欢心，子女愿意做出一些妥协，在不能妥协的时候，也愿意跟父母做一些沟通。

情感性、相互性的孝道，演变成代际的平等关系，一种基于亲密情感的自然回馈。当然这是一种非常理想化的状态，不过，在我看来，这种孝道是基于代际和解与代际亲密情感的一种新的孝道观念。

按照这种新的孝道框架来理解，“啃老”本身就获得了某种合法性。“啃老”原本是一个贬义词，但是现在有时候却被当作玩笑来使用。家里的孩子，在买房或者是结婚带娃这些事上，如果没有父辈的支持，基本上难以完成，这些事甚至往往需要几代人、几家人共同来完成，所以“啃老”成为无法回避的事实，也是家庭共同体的一种理性安排。上海社科院的刘汶蓉老师，曾经对“啃老”进行了研究，指出“啃老”其实反映了代际亲子一体的韧性和情感的连通。

阎云翔近些年也把这种新的孝道观念定义为新家庭主义，它不仅带来孝道的转型，而且实现了代际的和解，亲密了两代人之间的关系，甚至让父母的权威在某种程度上也回归了，这跟以往的孝道非常不一样。

我们回到电视剧《人世间》，其中对孝道有一段非常精彩的描绘。女儿周蓉的第一任丈夫冯化成，是一位诗人，他对孝道曾提出一种说法，他认为孝道有两种，一种叫养心智，另一种叫养口体。

什么叫养心智？周家长子周秉义和长女周蓉就是很好的例子。他们能够考上北大，有体面的工作，周秉义后来当上了市长，周蓉当上了教授，虽然他们没有在父母身边尽孝，但是能够让父母脸上有光。电视剧中有一个情节，某年春节全家好不容易到齐了，周家父母就特别积极地要带着三个子女到隔壁家串门。在串门的过程中，小儿子周秉昆就一直特别不开心，为什么？三个孩子，哥哥和姐姐都是大学生，而他是一个普通人，自然觉得脸上无光。

所谓养口体，指的就是像周秉昆这样，不怎么爱学习，人非常憨厚老实，只想"老婆孩子热炕头"，过普通的日子，看起来好像没什么出息，被叫作"老疙瘩"，让家里父母操心，不知道该拿他怎么办。但实际上，其实最后是秉昆和他的媳妇郑娟两口子扛起了照料整个家庭的责任。比如，有一段时间母亲成为植物人，醒不过来，郑娟一直很悉心地照料，给她做按摩。后来周蓉在北京上大学的时候，没有时间照顾孩子，也是秉昆夫妇把孩子带大。在电视剧中，周家父母最后也说，他们最满意的孩子是秉昆。

《人世间》中父母和孩子之间的关系，特别是父亲与子女之间的关系也是非常有意思的。母亲的形象往往是隐身的，前文已经述及，这里重点考察父亲和孩子的关系。周父和秉义之间，在后者成人之后，保持了一种尊重而又疏离的关系。周秉义娶了市长的女儿，婚后一直和丈母娘、丈人一块居住，看起来像是上门女婿，在日常生活中小心翼翼。他与父母的疏离关系，并不是情感上的，而是走动非常少。秉义作为国家干部，甚至在过年过节的时候也有意识地不与父母来往，以避免不必要的非议。

所以父亲跟秉义之间有非常明显的阶层隔阂，这一点非常重要。在家庭内部，除了性别和代际差异，阶层的问题也是不应忽视的。我们不要先入为主地认为家庭内部都是亲人，没有阶层之分。实际上，社会身份的不同一定会被无意识地带到家庭里面，产生阶层的隔阂。

电视剧中就有一个让人印象深刻的剧情。周父收到别人送的好茶叶，他觉得这东西特别有面子，能够送得出手，于是过年的时候就让长子秉义带给他的老丈人作为礼物。老丈人家收到的礼物太多，都堆到一个房间里。老丈人派一个司机挑了一车礼物回给周家，却糊里糊涂地把周父送的茶叶又给送回来了。在我的老家，把送去的礼物再送回来是一个非常通行的做法，但是在周家所处的东北文化中显然是一种极大的侮辱。因为这一尴尬事件，他们关系闹得非常僵，经过很长时间才得以化解。

周父与小儿子秉昆之间则完全是另外一种父子关系。周父在秉昆面前保持着严厉、权威的形象，但他在心里是非常宠爱小儿子的，只是放不下父亲的架子。秉昆性格也很倔，在顺从中一直有自己的坚持，而他最大的坚持，就是要娶郑娟为妻，在这一点上他甚至不惜和父母对抗，并最终得到了父亲的认可。

周父和女儿周蓉之间的关系，跟他和儿子关系是非常不一样的，有点类似于上文提到的基于情感的新孝道。当女儿私奔到离家很远的贵州，没有任何消息的时候，父亲会“从天而降”，远远观察女儿的生活过得好不好；在女儿痛苦的时候，父亲会及时出现提供帮助；当女儿被丈夫背叛，感情受挫，父亲会出面扇对方耳光。

周父和女儿的关系，我觉得非常像现在父母与年轻一代子女之间的关系。这种新一代的孝道关系是非常美好的，双方之间保持适当距离，各自有自己的边界，秉持着“只要你过得好就好”的理念。

6 个体与家庭的关系发生了怎样的转向？

家庭最重要的变化是亲子轴逐渐重于夫妻轴，亲子轴在生活、制度和政策中都获得了更大的优先性。

我们刚才讲了性别关系、夫妻关系和代际关系，其实在家庭关系中还有一个重要的关系，经常被我们忽略，那就是作为家庭成员的个人和作为集体的家庭之间的关系。个体与家庭的关系也发生了非常大的转向。

什么是家庭主义和个体主义？

在家庭社会学中，个体和家庭之间的关系是一个非常核心的理论问题，一直以来也充满争议，主要有家庭主义和个体主义两种观点。什么叫家庭主义？就是主张家庭的整体利益要优先于个人利益。我们东亚社会通常受儒家文化影响，基本上都认同家庭主义，强调个体对家庭的忠诚，甚至是牺牲个体的利益，去服从家庭集体的利益。

和家庭主义相对的是个体主义或个人主义，个体主义主张家庭中个体的价值和个人自主性的优先。以往的研究通常会把二者和东西方文化结合起来。比如有研究会把家庭主义表达为"家本位"，把个体主义表达为"个人本位"，认为传统社会是家本位的，现代社会是个人本位的，东方社会是家本位的，西方文化是个人本位的，等等。这种划分对不对？也不能说完全不对，但是太机械化，实际上的界限没那么分明。我们现在可以看到，所谓家本位、个人本位、家庭主义、个体主义在中国社会的现阶段是同时存在的，在不同情境下甚至可以交替使用，而且二者在不同时期被赋予了不同的价值。

新文化运动时期，家本位成为一个贬义词，甚至“家”成了一个带有“原罪”意味的概念。在电视剧《觉醒年代》里，在北大外面组织无政府主义团体的年轻人，很多是主张不结婚的，家庭在他们看来是约束个体独立自由的存在。当时新青年倡导个体主义，主张取消家庭；而现在家庭主义已经变成了传统家庭美德的代名词，成为主流意识形态和社会所提倡的一种理念。所以在不同的时期，价值观本身是在不断变化的。

在婚姻和家庭如此脆弱的年代，家庭主义也代表了民众对于理想家庭的一种想象。

为什么说是想象？因为家庭主义的存在是有条件的，比如说性别和代际关系都在等级秩序之下，家庭内部资源都是相对封闭的，社会的开放和流动性也不高，大家的价值观念非常一致，只有在这样的情况下，家庭主义才有实践的可行性。说白了，家庭主义是和父权制的集体主义相配套的体系。

中国社会在经历了过去几十年的转型和变迁之后，从现在来看，这些条件已经不复存在了，所以传统的家庭主义，现在看来很难有实行的可能。那么，中国社会是不是已经进入了一个完全个体主义的原子化时代呢？

事情也没有那么简单，因为我们看到很多家庭中的日常行为，无法用个体主义来解释，比如说集几家之力一起买房子，比如农村的农民工到城里打工，然后把孩子都放在家里。你会发现，家庭的一些功能被分散到不同的亲属和代际中，大家像一个合作共同体一样来完成这些功能，这哪里是个体主义？这是一个非常巨大的具有弹性的家庭主义。

但是这个家庭主义，又跟传统意义上的家庭主义不太一样，不再是个人为了家庭来牺牲自己，而是家庭中的长辈不断提供支持服务，来实现子代个体的价值。在这个过程中，有很多学者观察到家庭定义的多样性，以及家庭关系的不断变迁。我们前面也谈到，无论是作为观念的还是作为实践的家庭，它都有相互矛盾的多面性。

德国社会学家乌尔里希·贝克提出了

“个体化理论”。

贝克夫妇把个体化理论用在对现代家庭的分析上，他们认为，传统的家庭关系正在瓦解。家庭原本是一种紧紧编绘在一起的“需要的共同体”，现在则正在变成一种选择性的关系，是个体与个体之间的联合体。其中，每个人都在追求自己的活法，同时彼此之间通过协商和沟通来达成亲密

乌尔里希·贝克

Ulrich Beck，1944—2015

德国社会学家。他的研究集中在现代社会的不确定性、不可控性和全球化等议题上。他提出了“风险社会”“第二次现代性”“自反性现代化”等概念。其中“风险社会”的概念由贝克和吉登斯在20世纪80年代提出。该概念指出，现代社会中传统工业阶级结构正在分裂，全球化所制造的风险涉及不同阶层的所有人；风险同样由社会建构而产生，经由大众媒体的传播和放大，一些风险更具危险性。著有《风险社会》《自反性现代化》《什么是全球化？》等。

关系的平衡。家庭从一种社会制度向个人避风港转型，越来越变成一个私人场所，同时家庭中个人的重要性和自主性在不断增长，家庭成员不再愿意为了家庭集体利益而牺牲自己，相反，他们希望借助家庭来寻找个人的利益和快乐。贝克夫妇把这样一种家庭称为

“后家庭时代的家庭”。

中国现代社会是不是已经到了这样一个时代？

阎云翔在20世纪末对东北农村的研究中发现，中国年轻一代的家庭已经呈现出贝克意义上的个体化特征。也就是说，个体和家庭之间的关系发生了转向，家庭变成了个体可以利用的资源，用来抵御风险，服务于个人，而个体要根据自身的需求来界定和建构家庭。复旦大学的沈奕斐老师把城市中产家庭这种个体化特征明显的“个体家庭”，称为iFamily。

但也有很多学者觉得，无论是农村家庭还是城市家庭，要实现真正的个体化是很不容易的，因为没有人可以真正为自己而活，家庭对于大多数中国人来说依然不是选择性的。

你可以选择婚姻，你可以选择自由，但是你不能选择父母，家庭的形态一旦形成，很多时候你别无选择。

所以阎云翔在过去几年中也修正了自己的观点，并且根据对中国城市代际关系的观察和研究，提出新家庭主义的概念，来考察个体意识增长所带来的与家庭责任之间的张力及其应对策略。面对个体化的挑战，家庭关系的重要性正在增长。所以，无论从情感归宿、工具利用还是风险共担角度来看，家庭作为避风港的作用还在延续，我们看到个体对家庭的依赖性甚至在不断增长，这是一个方面。

另外一个方面，我们可以看到国家对家庭的依赖也呈现出有增无减的趋势。政策的取向决定了家庭或家庭关系的形态，比如《民法典》中

离婚冷静期条款的出台，就影响着很多人对于婚姻的观感，以及对于风险的预测：一些人觉得应该结婚，同时另一些人觉得不能再结婚。制度对人的影响是非常大的，在制定家庭政策的时候，国家和家庭之间的讨价还价就成为社会学、家庭研究、家庭政策研究的学者非常关注的一个问题。不过，关于家国关系的讨论，暂不在本讲讨论的话题里。

总而言之，过去十年来家庭研究领域弥漫着传统回潮的趋势，在现实生活中我们也看到家庭的实践呈现出一种在变化中寻找不变、在脆弱中保有韧性的趋势。学者们发现家庭最重要的变化是亲子轴逐渐重于夫妻轴，亲子轴在生活、制度和政策中都获得了更大的优先性。同时，主流意识形态也在强调传统价值的复兴，强调常回家看看、尊老爱幼和孝道等。传统复兴的态势，在学界和现实中都给未来家庭重塑带来了多种扑朔迷离的可能性。

吴小英的延伸书单

- 刘汶蓉：《活在心上：转型期的家庭代际关系与孝道实践》，上海人民出版社，2021年。
- 沈奕斐：《个体家庭iFamily：中国城市现代化进程中的个体、家庭与国家》，上海三联书店，2013年。
- 吴飞：《浮生取义：对华北某县自杀现象的文化解读》，中国人民大学出版社，2009年。
- 肖索未：《欲望与尊严：转型期中国的阶层、性别与亲密关系》，社会科学文献出版社，2018年。
- 阎云翔：《私人生活的变革：一个中国村庄里的爱情、家庭与亲密关系（1949—1999）》，龚小夏译，上海人民出版社，2017年。

唱片店琳琅满目的商品

第九讲

消费社会

——“买单”里的商品文化生产（20世纪80年代至今）

王　宁
东南大学人文学院社会学系教授

20世纪后期，随着生产水平的提升和物质产品的极大丰富，消费社会学在西方逐渐成为热门研究领域。如今，消费浪潮席卷全球，深刻改变了人们的生活方式、价值观和社会结构。我们的消费欲望是如何产生并被不断激发的？不同的消费方式如何塑造阶层认同？需要批判的是消费主义本身，还是其背后更深层次的社会问题？

在本讲中，东南大学人文学院社会学系教授王宁将结合社会学与经济学理论，深入剖析我们所处的消费社会，并针对这些问题展开深入探讨，揭示消费行为背后的社会机制及其对个人与社会的深远影响。

1 研究背景：当消费不再代表“奢侈糜烂”

在过剩经济中，人们对消费的态度改变了。

消费社会学研究本身是社会富裕的结果。如果社会处于贫困状态，学者研究的重心就是贫困，而非消费；即使学者研究消费，也是把它当作贫困的一种表现来研究的。

在西方，消费社会学作为显学是在20世纪70—80年代兴起的，当时西方社会已步入资本主义晚期，出现了现代性晚期或后现代性的特点。这一时期，物质产品极大地丰富，甚至过剩，生产在人们的生活意义感和社会关系形成中不再是唯一的重要因素，消费也开始变得重要。

也就是说，消费是生产活动之后一个举足轻重的增量、变量。如果说工业社会区别于农业社会的重要因素是生产方式的革新带来了生产效率的提升，那么，

后工业社会区别于工业社会的一个重要因素则是消费在推动经济增长和提升人们生活意义感方面的作用显著增强。

消费主义在20世纪二三十年代盛行于美国

消费社会就是在这个意义上说的。

在农业社会，甚至19世纪工业化阶段，大多数人还处于物品短缺和贫穷状态。如果我们处于一个短缺社会，谁会有兴趣去研究消费呢？学者们会去研究怎样来摆脱贫困、脱离短缺。但是，一旦我们真的摆脱了短缺，进入大众消费和富裕阶段，就像西方社会那样，连工人阶级都有房有车，情况就变了。那时的生产就越来越依赖于消费。

在短缺时代，可供消费的资源是有限的，你消费多了，我消费就少了。人们对于奢侈消费总是持一种批判的、否定的态度。“灯红酒绿”“纸醉金迷”“奢侈糜烂”，大众对富人消费持有非常负面的评价，学者自然更不会去研究消费。

但是，随着短缺经济变成过剩经济或市场饱和下的经济，人们对富人同样消费方式的态度就改变了，因为此时富人消费多了，并不妨碍我自己对消费资源的获得。不仅如此，在消费市场饱和的情况下，富人的消费反而具有正面作用：它增加了需求和支出，为他人提供了就业机会。从更普遍的角度看，你不消费，他不消费，大家都不消费，产品就没有市场，造出来的东西就卖不动，工厂就要倒闭，工人就要失业，经济就要萧条，老板也就没有投资机会，失业者就更加找不到工作——这样就变成了一个恶性循环。在这种背景下，谁还会再去批判他人的消费呢？事实摆在那里，在过剩经济中，人们对消费的态度改变了。

从经济学角度看，

人们对消费态度的改变主要是因为市场饱和。

市场饱和意味着消费饱和，而消费市场饱和意味着边际投资或边际生产的回报率下降——造出来的东西卖不掉，要降价，因此回报下降了。要使生产得以扩大，经济得以增长，大众生活水平不断提高，就必须解决消费市场饱和问题。解决消费市场饱和的路径有三种：

第一种是消费市场的地理扩张。造出来的东西在国内卖不掉，我们卖到国外去，这就是经济全球化。但地理扩张也有饱和的时候。比如我把手机卖到全世界，大家人手一部手机，手机市场不就是饱和了吗?

第二种是消费市场的社会扩张。它指的是调整收入分配结构，扩大中产阶层规模。如果一个国家的收入分配是这样一种格局——财富集中在少部分人手里，大部分人是贫穷的，那么这个国家整体的消费能力是比较低的。因为集中了大量财富的人根本消费不掉，再怎么增加资源，他的边际消费倾向还是0；但是给穷人100元，他100%花掉，再给100元，还是100%花掉，这叫边际消费倾向为100%。所以调整收入分配结构是解决消费市场扩张的一个重要路径。

第三种是消费市场的心理扩张。西方的新教是倡导节俭的，我国传统的儒家文化也是。我们有句俗语，“新三年，旧三年，缝缝补补又三年”，可以设想一下，假设一件衣服穿9年，服装制造产业要倒闭多少？恐怕90%的服装厂工人都要失业。传统社会的美德在今天就不再是美德了。

所以，经济增长的逻辑到了消费市场饱和的阶段，我们就要重新处理好生产和消费的关系。生产要发展，就要消费；如果没有消费，生产就得不到发展。所以，消费市场的扩张，就导致了生产者行为逻辑的变化。

2 市场扩张，买的没有卖的精？

消费市场就在这样的社会机制下，被源源不断地制造出来。

接下来，我们来讨论一下消费者行为模式的改变。前面讲过，针对消费市场的饱和，生产已经很难有更好的投资机会了，于是我们就要进行市场扩张，有三种方式：地理扩张、社会扩张和心理扩张。对此，生产者具体采取了哪些策略，消费者又做出了怎样的回应呢？首先来看生产者一端。

第一，针对消费市场的地理扩张，积极开展国际市场营销，建立跨国公司。到其他国家建立公司，意味着生产者要了解目的地市场的文化，了解当地消费者的习惯，积极融入当地社会，这会导致一种全球本地化，即把公司的母国文化带到目的地国家去，跟当地的文化相结合。发达国家的跨国公司在把母国的文化输出到目的地国家的过程中，也在目的地国家形成了国际消费示范效应。它会在当地做广告，也会在当地的公司中教本地员工如何进行消费，接受发达国家的产品。

日本在20世纪80年代，将本国的相机向全世界销售，在这个过程当中，日本的跨国公司努力让全世界的人对日本形成好感，所以相机在国际上也很好卖；当下，韩国电视剧和电影的国际营销同样做得非常好。二者都显示了生产者行为逻辑的变化：打开视野，从本国扩展到外国，把在本国出售的产品卖向全世界。

第二，针对消费市场的社会扩张。调整收入分配机制，这不但是国家层面的事情，也是企业端的事情。企业端面对饱和，也要考虑扩大产品的消费市场。以美国福特汽车公司为例，1914年1月5日，福特宣布将工厂雇员的每日最低工资从2.34美元涨到5美元。他为什么要涨这么多呢？一方面是为了吸引更好的工人到这里工作，另外一方面是为了让工人阶级也买得起汽车，从而让自己制造的车有更大的消费市场。这在美国历史上是一个很重要的转变。福特汽车公司提高了工人的工资，其他的公司也被迫跟进，工人阶级的整体收入就随之提高，买得起汽车了。工人阶级变成中产阶级，消费市场扩大，汽车的销量也能持续增长，这对福特汽车公司来讲是有利的。

从国家的角度来看，收入分配就涉及再分配，比如说建立社会保障和社会福利体系，消除人们消费的后顾之忧。比如在20世纪30年代，美国总统罗斯福就签署了关于建立社会福利的系列法案，也签署了《国家劳工关系法》，让工人能够跟老板谈判，增加工资，保障工人罢工的权利。通过这些举措，工人的收入慢慢就提高，全体居民的社会保障也逐渐建立起来。他们消费的时候就不会担心自己万一失业了会没法生存。

第三，针对消费市场的心理扩张。前文提到，在贫穷的时候，一件产品是要反反复复使用的，但在生产过剩的阶段这样做会导致大量工厂倒闭。生产者要扩大市场，就要改变人们的心理。

一个是让消费体验化。消费者倾向于追求新奇体验，但又会很快厌倦，再追求更新的产品，所以生产不但要注重产品的功能（质量好、便宜），还要注重产品本身的新奇性，不断进行产品迭代，满足消费者对体验感的需求。

另一个是消费品的符号化。消费者想通过消费表达某种含义，比如跟其他阶层有所区分，体现自己的社会认同，表现自己的个性。在这方面生产者不能只看重物质生产过程（怎样把产品做得又快又好），也要考虑赋予其精神价值，满足消费者文化上的需求。

比如说一件牛仔裤，定价37块也卖不掉，但是我给它打上一个2万块的价格标签，就能卖掉了，为什么？因为它变成了奢侈品，拥有一种符号含义，富人穿上它，就觉得一般人买不起，能够避免跟别人撞衫，显示出自己的阶层地位。奢侈品都是采取这种定价策略，包括LV、GUCCI等。

所以生产者针对消费市场的地理扩张、社会扩张和心理扩张，各自采取了一些应对的策略。相应地，消费者的行为模式也产生了变化。

前文提到，针对消费市场的地理扩张，跨国公司做了很多事情，消费趣味和需求就从发达国家扩散到发展中国家。但问题在于，如果目的地国家是一个收入比较低的贫穷国家，就会导致收入水平和消费欲望的矛盾和张力，扭曲消费观念。

阎云翔曾经举过一个例子。20世纪80年代麦当劳入驻北京，有些工人到麦当劳吃饭，一次就花掉一个月的工资；但是小孩过生日又想去，架不住孩子软磨硬泡，最后还是去了。这样一来会导致一个后果：为了模仿发达国家的生活方式，这种被国际市场营销调动起来的新的消费需求，就会挤占包括均衡营养等基本生存需求方面的支出，或者挤占发展资源，这就是人们所说的“早熟的消费主义”。

针对消费市场的社会扩张，消费端的反应就是工人阶级的中产阶层化。随着社会保障和福利的建设，尤其是收入水平的提高，蓝领工人的收入水平接近或达到中产阶级的水平。

“成为中产”是一个有关成功的故事。他们不仅仅局限于自己的生活满意感的提升，而且也要通过向他人进行符号展示，提升社会认同感。

就生活满意感来说，人们可以通过消费而获得更高质量的生活体验；就社会认同感的提升来说，人们可以借助特定消费品的符号，向他人传递自己的社会阶层身份，以及相应的文化趣味的信号。满足中产的生活标准，不但是一种能带来生活满意感的体验，而且是一种符号性的社会宣誓：我也是一个入流的消费者，我也跻身了中产的主流。当主流人口是中产的时候，消费的总购买力就扩大了。

针对生产端在消费市场的心理扩张方面的举措，再来看看消费端的响应。既然消费品是符号，消费者可以用消费品来塑造和表达自我，而消费品的符号内涵是动态变化的，原来传递优雅身份的产品，随着普及程度的提高，逐渐失去了其原本的含义。而之所以普及，是因为竞争和模仿，谁都不想落后于他人。动态性竞争的结果是中产阶层放弃原有的传递特定含义的消费品，而更换为另外一种消费品。

齐美尔说，时尚就是一种你追我赶的游戏。我穿了一个很时髦的衣服，显示我是一个贵族；路人看到我的服装，会问我在哪里可以买到，然后他也买了，消除了我和他之间的区别，我就没办法显得在社会身份上高于他，怎么办？我换一种，把原来的放弃掉，换更时髦的，这样我可以继续维持自己高人一等的身份；但是别人也会观察我，一看到我换了也跟着换；这就是“你追我赶的游戏”。

消费品成为人们塑造自我认同的原材料，又成为向他人传递自我认同的符号。

而消费品符号的竞争机制让消费品的物理寿命和社会寿命出现了区别。

什么叫物理寿命？我们买一个物品，它能用多久，这叫物理寿命。比如说买一个灯泡，用了一段就坏掉了，这是它的物理寿命终结了。什么叫社会寿命？就是它流行不流行。通常社会寿命短于物理寿命。比如我买了一个手机，过了一段时间它仍然能用，但是此时市场上已经出现了更好的手机，原来那款不再流行。虽然它的物理寿命还没有终结，但是我还是选择放弃它，因为继续使用它会显得落伍。主流社会放弃使用本身，对个体消费者的选择会构成社会影响，这就是某种消费品的社会寿命比物理寿命提早终结的原因。

这提示我们，可以通过社会机制人为缩短产品的使用期限。它意味着社会机制能够变相扩大产品的市场。本来市场饱和了，手机卖不动了，怎么让人们再来买手机？我们搞一种社会机制，人为缩短手机的社会寿命。人们放弃还能用的手机，消费市场就再次出现了。

这是一个很重要的机制，时尚就是例子。一件衣服穿三个月就过时，被塞入衣柜深处，消费者再买新的衣服，这样服装厂就能够源源不断地进行生产。原来的衣服被束之高阁，消费者市场的饱和问题被解决了。

另外，技术创新为符号更替添加了动力。还以手机为例，我买了 iPhone 15，现在出现了更高级的 iPhone 16，那么就意味着 iPhone 15 已经过时。更高级的手机出现是因为技术创新，新的技术产品比旧的好，尽管旧的还能用，但是它的符号含义已经迅速贬值了。

消费市场就在这样的社会机制下，被源源不断地制造出来。

3 双重动力，助推消费社会诞生

现代社会一个很重要的机制就是制造欲望。

消费市场的地理扩张说明消费社会是经济发展逻辑的内在要求。除非人们放弃增长，安于现状，否则，总体经济增长抑或是某一个行业（如布匹、火柴、钢铁等）要增长，就要解决消费市场饱和的问题。国内解决不了，就出口到国外去。这一点马克思在19世纪就意识到了，消费市场的地理扩张也有饱和的那一天。因此，问题的最终解决，还得回到国内，也就是进行消费市场的社会扩张。

消费市场的社会扩张提供了消费社会诞生的经济-社会条件，即通过社会阶层的重组和中产阶层的扩大，形成较大规模、有足够消费能力的中产阶层。在一个向上流动的机会多、中产阶层占多数的橄榄型社会中，收入分配结构最为合理，也最有助于提升边际消费增长率。反之，在一个收入分配不均衡、低收入群体占多数的社会，财富集中在少数人手里，贫富之间的差异比较大，社会在总体上就没有什么消费力，边际消费增长率就较低，这样一个社会是很难发展起来的。

消费市场的心理扩张为消费社会的诞生提供了文化条件，人们改变了过去对待物品的看法。在短缺经济时代，我们是从功能的角度来看待物品，并希望以较少的代价获得这些功能，所以才会有“物美价廉”“经久耐用”的要求。从今天生产端的角度看，物美价廉还是可以做到的，市场竞争导致效率提高，价格会进一步下降；但是，如果消费端都倾向于“经久耐用”，就是一个麻烦。

比如，如果有永远用不坏的电灯泡的话，等到大家都买了电灯泡，灯泡厂就要倒闭或转行了。但是，当人们不再只从功能的角度去看物品，而把物品看作是表达某种意义的符号，那么情况就改变了，因为符号意义是可以操纵的。假设电灯泡可以用20年，如何让人们用1年就放弃它呢？从电灯泡的功能上看，这没有可能（因为它还能用19年），那就只有让人们不再喜欢它。如何让人们不喜欢它呢？一方面，要显示这个电灯泡是一个“过时”的符号；另一方面，要出售更有品位的电灯，而新的电灯有更符合社会潮流的含义。

电灯的符号意义是可以操纵的，广告就是其中一种机制。人们之所以买新的，放弃旧的，是因为物不只是物理意义上的存在，也承载了文化元素，代表一种文化符号，消费者可以用它表达自己的某种品位和价值。

当然，人们喜新厌旧不仅仅因为文化，同时也因为功能的扩展——新款电灯功能更多了。所以，消费社会的诞生，其实包含了双重动力：一方面是文化的动力，符号含义在不断改变；另一方面是创新的动力，新的功能在不断创生出来。创新是市场竞争导致的结果，不创新就没有竞争优势。产品创新需要文化来配合——创新了没人买怎么办？那就要赋予新品更好的符号含义。

关于消费社会，法国著名社会学家让·鲍德里亚有一个精辟的论断：在消费社会，人们对物的使用超越了纯功能的范畴，进入了文化和

让·鲍德里亚

Jean Baudrillard，1929—2007

法国哲学家、现代社会思想家、后现代理论家。著有《物体系》《消费社会》《符号政治学批判》等。20世纪90年代，鲍德里亚在美国声名鹊起，美国导演沃卓斯基氏自称受鲍德里亚的著作《拟像与仿真》影响，在1999年拍出了第一部《黑客帝国》。

符号的领域。或者说，人们从仅仅看重物的功能，到同时看重物的功能和物的文化含义。物质与文化交融在一起。如果说，在短缺经济时代，我们使用物是在过一种物质生活，那么，在后短缺经济时代或者富裕时代，我们使用物，是同时在过一种物质和文化交融在一起的生活。

总的来说，人口的中产化为消费市场扩张提供了阶层结构条件，而消费品的符号化和体验化则为消费市场扩张提供了文化条件。

消费者群体可以分为功能导向群体和体验导向群体。

功能导向群体

主要出现在短缺经济时代，或经历了短缺时代，抑或是出身于贫困家庭群体。消费者侧重产品功能和性价比，尤其是侧重实惠性（物美价廉）、实用性（经久耐用）。商家对他们的营销策略多半是让利促销、打折促销。

体验导向群体

则出生在后短缺经济时代，出身于中产阶层家庭群体，或者自己就是中产。他们侧重消费体验，不从单一的功能或合算与否的维度评价所要购买的物品。功能、价格、体验等多个维度，都会被纳入他们的考虑之中，其中，喜欢或不喜欢所占的比重最大，为了买一个看重的包，可以痛快地“剁手”。商家对他们的营销策略，就是做产品创新和产品区分。

学术界针对消费在经济和社会生活中的作用提升，产生了对消费的研究兴趣。消费欲望是如何被建构起来的？经济收入本身不足以解释。比如韦伯曾提出一个概念，叫“经济传统主义”。比如一个工人一天干8小时可以拿到10块钱，为了刺激他的劳动动机，给他涨到20块钱，让他好好干，结果意外出现了：工人并没有好好干，而是干了4小时就不干了，为什么？原来要干8小时拿到10块钱，现在涨一倍工资，4小时就可以拿到10块钱，他干到4小时以后就不干了，干什么去呢？去玩篝火、跳舞、喝啤酒去了，给更多的钱他也不要，这就叫作“经济传统主义”。

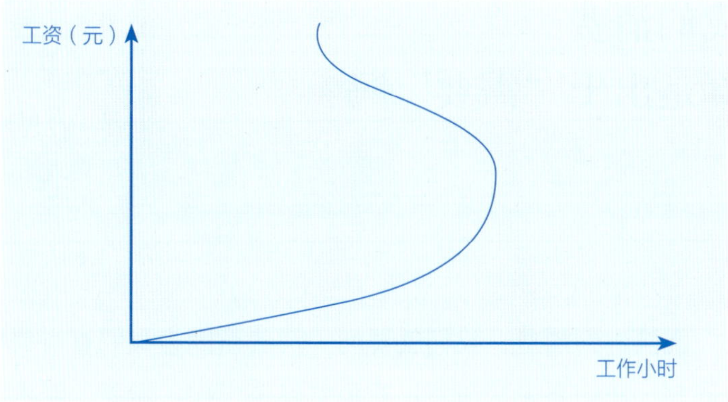

向后弯曲的劳动力供给曲线

随着工资的提高，工作时长反而减少了，形成韦伯所说的向后弯曲的劳动力供给曲线。

在这样一种文化下，仅仅用收入很难解释人们的消费行为，消费行为一个很重要的动力机制来自欲望，得构建起欲望才行。工人干了4小时就不干了，因为他的欲望很简单：无非就是到篝火旁烤一只羊，喝点酒、跳跳舞、唱唱歌。但是如果让这些工人产生建别墅、买私人飞机的欲望，你给他一天20块，他会只干4小时就不干了吗？不会的，他一定要干满8小时，因为他的欲望需要更多收入来满足。

所以收入的增加本身可能不会变成消费，而会成为储蓄。现代社会一个很重要的机制就是制造欲望。

4 我们消费真是出于“需要”吗？

消费行为并不能完全用收入来解释，它在一定程度上是由社会和文化因素所促成的。

既然讲到消费，我们就要问：消费是因为我们有需要吗？要回答这个问题，我们要先搞清楚：在消费经济学中，需要、需求和欲望这几个概念是有区别的。

需要是由生理和社会文化因素所决定的人所不可缺乏的因素，它是客观的。比如说我需要水，需要营养，需要保暖，不然我就活不了。

需求是指有支付能力的需要。我想去度假，而且我有钱，那么我就有度假的需求。马克思在《巴黎手稿》中曾经说过：如果我有钱，我就会有旅行的需要；但是如果我没有钱，就没有旅行的需要。什么意思呢？你还得有支付能力。光有欲望，没有支付能力，就不能变成需求。

欲望是超越了满足手段的一种渴求。欲望的对象未必是人们不可缺少的因素，也可能超出人的支付能力的范围。不去满足它，未必会对人造成实质性的损害；但满足了它，会让人快乐。

所以需要、需求和欲望，这三个概念还是有细微区别的。

心理学对需要做了很多研究，在这里我只简单提一下马斯洛的需要心理学。马斯洛认为人的需要是分层次的，最低层次的需要是维持人的生存和安全，然后是社交尊严和自我实现的需要，人往往先满足了较低层次的需要之后，才去满足更高层次的需要。第一层次的需要是要求对缺失元素进行补偿，否则就会危及人的生存或损害人的生命；高层次的需要是增长性需要，它不是非有不可的，但满足了会让人们变得更满意。

恩格斯也区分了生存发展和享乐的需要。在福利经济学中，需要往往意味着个人的权利，比如说免于饥饿的需要，免于疾病的需要，它带有规范性，这种权利是可以量化的。

在公共政策领域，例如扶贫实践往往就是从这个角度来定义需要，并形成了具体的扶贫标准。

上述各种需要概念被广泛使用，很难说哪个用法会更好。在这里我不太愿意用客观的标准来界定需要，因为对于相同的资源元素，比如饮食，不同的社会往往会有不同的需要标准。再比如，即使是比尔·盖茨也会有无法被满足的需要，而有时穷人也会有富足感。乡下的老爷爷一日三餐有半斤老酒、一碟花生米，生活何其舒服，夫复何求？所以说，需要是相对的，不能只看物质的多少。我倾向于把需要同主观感知结合起来，它包括两个方面的内容。

一方面，需要是一种感知到的匮乏感。这种匮乏是双重的：首先，它是物质匮乏。比如我住在公交系统不完备的郊区，如果没有私家车，那么去市中心上班就很不方便。其次，它是意义缺乏，我赋予某种生活方式以积极的意义，缺乏它，我就觉得生活的乐趣减少了。比如2022年初新冠疫情期间，上海市民由于封控在家，长时间无法去咖啡店喝咖啡。解封以后，咖啡店还没开门，很多人就自带饮料，跑到店门口坐着喝。为什么会这样？因为这些人赋予了喝咖啡以意义。

另一方面，需要是一种感知到的资格感。在消费中，只有匮乏感还不够，还必须有可感知到的资格感，消费者才有勇气采取行动，来消除匮乏感。所谓感知到的资格感，就是消费者觉得自己有资格获得某种资源元素，这种资格感建立在几个条件上。

第一，它是在预算允许范围内。我有足够的钱，所以我有资格或能力获得某种特定的资源元素。

第二，我赋予某种生活方式以特定的意义，并决定自己有资格过这样的生活。上文提到解封后的上海市民在没有开门的咖啡店外喝自带的

饮料，表明在他们心目中，

喝咖啡不仅仅是物质生活的一部分，还是一种文化资格，它是种文化再生产活动。

第三，社会身份认同的资格。特定的生活方式表达了某种社会身份，比如阶层身份、地方身份、民族身份、性别身份等。我想我有资格说我自己是这样的人，而且也希望他人意识到我是这样的人，所以我需要某种资源元素来确认我的社会身份资格，这是一种社会认同的资格感。

第四，

人们会有意或无意地进行社会比较，一旦在比较中处于不利位置，会产生某种损失感。

因此消费者觉得自己有资格保住体面，即不输于或超越其所归属的社会圈子的平均消费水准。这也是一种资格感。

综上，通过这样的方式来理解需要的概念，就不会把需要看成静态的、固定不变的外在标准，而是会将其视为动态的，可以加以形塑或操纵的内在感受。在此基础上，我们就可以用社会学来解释需要的形成。

下面，我们来介绍一下匮乏感和资格感的塑造。先来看一下匮乏感，这是一种隐性比较机制，它有两种表现形式。其一是与虚假的平均标准进行的隐性比较。商家通过广告、大众传媒（电视）和大众文化（电影），把富人和中产阶层的生活水准当作“普通人”的生活标准，从而人为地把普通人的平均生活标准拔高，使后者在观看之后，产生匮乏感。美国经济学和社会学家朱丽叶·朔尔（Juliet Schor）曾经说过，在电视时代，人们不再把邻居当作参照群体，而是把电视中的消费标准当作普遍流行的标准，消费者看了以后，感觉到自己与这个标准之间的差距，产生了匮乏感。这种潜移默化的比较正是一种隐性比较。

其二是与塑造出来的理想生活模式进行的隐性比较。广告和时尚杂志所展示的消费品，变成了传递某种理想生活模式的符号。通过与之比较，人们发现了自己的匮乏，希望自己获得这种体现社会身份的理想生活模式，因此就会去购买这些产品，让这些产品的符号意义转移到自己身上。

这个过程，就是加拿大人类学家格兰特·麦克拉肯（Grant McCracken）所说的意义转移模型：广告和时尚把文化世界中的意义转移到产品上，这个产品就获得了某种文化含义，然后消费者去购买这些产品，相当于把这些意义转移到自己身上。

除了以上的文化机制，匮乏感的制造也可以借助制度性、结构性因素。例如，新冠疫情期间搭乘公共交通需要用手机显示健康码，没有手机就无法通行。这种制度让没有手机的人产生了匮乏感。

消费者的匮乏感被制造出来了，是否一定会让消费者获取某种物品呢？通常会，但不一定。因为仅有匮乏感还不够，还要进一步制造资格感。

资格感来源于消费者与现实中他人的比较，例如与邻里、同事、同学、朋友，或者与街上遇到的人进行比较，这是一种显性社会比较机制。它往往体现为这样的感觉：凭什么你（他）有？我也要有，我也有这个资格。比如孩子看到其他小朋友都穿了耐克鞋，也会向爸爸要。消费生活中充满了类似的社会模仿的例子。

感知到的资格感是消费民主化的体现。在传统的等级社会，社会缺乏向上流动的通道和机会，底层人是不可以模仿上层人的生活方式的，否则就是坏了规矩。在这样的社会，社会不平等被认为天经地义，底层的人不会形成要与上层人一样的资格感——我没资格，因为我是底层。但是，随着市场经济的发展，生产效率的提高，消费品不仅变得更加丰富，而且价格上也变得亲民，大众消费就产生了。

更重要的是，随着社会向上流动机会的增多，人们对未来有了期盼，并为此获得奋斗的动力，在这种情况下资格感就更容易被制造出来。比如说，现在很多年轻人的房贷占家庭收入的一半。万一失业，家庭消费就要破产，疫情期间被银行收回的住房也多起来。为什么一定要买房？就是因为感知到了资格感。

可见，消费行为并不能完全用收入来解释，它在一定程度上是由社会和文化因素所促成的。收入是解释消费行为的必要因素，但不是充分因素。社会和文化因素和个人的收入结合在一起，才能完整地解释消费行为。

5 消费竞赛，“炫耀”和“买单”

儒家型消费竞赛就是一种道德竞赛。人们依据亲疏远近而实行不同的道德原则。

上一节讲到的显性社会比较，可以分成消极和积极两种类型。

消极型资格感指的是上文所说的感知到的资格感，即你有，我也要有。它体现为模仿和追赶，自己不会主动超越他人以引起他人对自己的刮目相看或羡慕。消极型消费要求与社会平均标准保持大体一致就可以了。

积极型资格感则要求主动超越他人，以获得相对优越感，这就是凡勃伦所描述的炫耀性消费。它是一种消费竞赛，竞赛就意味着有输有赢。有人胜出，有人落败，胜出就有面子，落败就丢面子，这样就形成你追我赶、水涨船高的局面，变成一种社会排序。竞赛的结果，使得排序成本提高。比如说我参加的朋友的婚宴有鲍鱼，下次我摆婚宴的话，就要超越他，于是整体婚宴的档次会逐步提高。

托斯丹·凡勃伦

Thorstein Bunde Veblen，1857—1929

美国经济学家，制度经济学创始人。凡勃伦把 19 世纪晚期商业资本主义的重要思想体系，特别是进化论和价格理论，放回到它们兴起的社会中去分析。凡勃伦的理论虽然不算时髦，但他的许多观点和概念在社会科学中仍经常被提及，这证明其仍然非常重要。著有《有闲阶级论》《企业论》等。

一般来说，个体主义文化盛行的国度，更流行积极型资格感；而集体主义文化占优的国度更流行消极型资格感——只要遵守规范，不要超越他人太多就行了，免得引起妒忌。当然，炫耀性消费在两种文化中也都存在。

炫耀性消费有两种类型：一种是向匿名性竞争对手炫耀，第二种是向竞争对手炫耀。

向匿名性竞争对手的炫耀，即竞赛对手是笼统的、不明确的，甚至是想象出来的，相当于向陌生人进行炫耀，常见于原子化程度高的城市社会。在城市社会，向陌生人炫耀有一个很重要的特征——存在退赛通道，即“我比不过你，但我躲得起你”。要开这种车或者要住这种房才显示有身份，我没有钱，但是我又不希望被你看扁了，我就搬家，搬到另外一个收入相对较低的社区中，大家都差不多，就没有竞赛的压力了。所以你会发现二十年以后同学聚会，积极参加的都是混得不错的、收入比较高的人，不来的都是混得比较差的。为什么？他们选择了退赛。

向熟悉的竞争对手的炫耀，主要是在封闭的社会圈子（如村庄、单位）中，这种炫耀很容易陷入恶性竞赛。比如在村子里的婚丧嫁娶，档次的高低事关家族声望，太差的话会被他人瞧不起。比如给家里的长辈祝寿，第一家有一个宴请的规格，第二家遇到同样的事情就会把第一家的请客标准当作参照，如果能高过对方就显得更有面子。第三家同理，宴请的标准就会越来越高。在一些内地的农村，送压岁钱送红包的额度也越来越高，越来越失控，原因就在于在熟人社会没有退赛通道。所以考察中国的消费社会，不能不把传统文化因素纳入考虑。中国从生产型社会转向消费型社会的过程中，儒家传统文化与消费行为交织在一起，涉及面子的领域成为比较容易发生消费竞赛的空间。

在某种意义上，儒家型消费竞赛就是一种道德竞赛。

人们依据亲疏远近而实行不同的道德原则，这就是费孝通所说的差序格局。对亲近的成员，我们会主动履行道德义务，来获得道德满足感或者优越感。而对于疏远的陌生人，我们在道德责任上，就会采取消极的态度。

所以在中国，群体性消费嵌入儒家传统伦理和传统文化中，其中的一个特征就是群体成员可以向其他成员积极履行私人义务，来占据道德制高点，获得象征性资本。这种资本在某种场合就可以转化为经济资本（如求人办事）。

在一个相对封闭的圈子中，成员相互熟悉，他们既是社会合作的伴侣，又在道德上构成潜在的竞争对手，而我们所竞赛的内容就是道德义务的履行。

一个经典的例子就是聚餐买单。朋友一起吃饭，就有一个谁来买单的问题。那么从朋友的角度来讲，应该是轮流分配，大家都买一回，这叫对称性义务承担，它体现为轮流买单。吃饭的时候一般都不会说“我请客，咱们吃饭去”，当我们只说“咱们吃饭去”，而没说谁买单，意味着买单义务的模糊性，它带来一个好处：构成对群体成员人品的一种检验——买单的时候，谁会积极买单，谁会故意创造机会不买单。

在这里就形成了一种隐性的竞赛，竞赛主要体现在买单的主动性和积极性上。一般来讲，经过一个周期，大家应该轮流买了一次单，但是谁先买谁后买，还是需要竞赛的。因为先买的人就处于道德制高点，没有买过单的人就有道德压力，下次就要更积极。对于不履行买单义务的人，我们虽然表面上不说，但在心里会鄙视他，而且会慢慢回避与他交往，下次吃饭的时候就不会再叫上他。

由此可见，

抢单这种社会现象，是封闭群体里的道德责任竞赛，

我们都不希望被群体成员看扁了，而且我们每次买单都会参照上次朋友请客的档次，不能低于这个档次，否则就会很没有面子。这种道德竞赛

有一种竞合的效果，使群体更加团结，有助于社会关系稳定和社会资本的再生产。

而聚餐请客，就成为一个道德表演的舞台。在这个舞台上，中国人拿到的剧本不同于西方国家，我们的表演方式是不一样的。有一次我到加州大学伯克利分校，有一位人类学教授请我吃饭，他对他的博士生还有硕士生（大概5个人）说：你们的饭钱自己出，王教授的饭钱我出。我也不好意思，我说我的饭钱我来出，对方说“你是我的客人，我来出”。我心里就嘀咕：你作为一个大牌教授，为什么你学生的饭钱不帮他们出？在中国，老师会帮学生出，因为有面子，这是一个道德表演的舞台。而在西方文化中则不需要这种表演。所以研究消费行为，特别是研究群体性消费行为，一定要考虑到传统文化。

6 理论范式，观察趣味的传递与辩护

针对消费市场的地理扩张、社会扩张和心理扩张，消费社会学相应地提出了三个范式。

接下来我给大家讲一下理论范式。针对消费市场的地理扩张、社会扩张和心理扩张，消费社会学相应地提出了三个范式：

第一，针对消费市场的地理扩张，出现了消费标准全球化的理论范式。

第二，针对消费市场的社会扩张，出现了消费社会学的社会分层范式。

第三，针对消费市场的心理扩张，出现了消费文化范式。

我们挨个儿来讲。

针对消费市场的地理扩张

针对消费市场的地理扩张，学术界出现了消费标准全球化的理论范式。全球化研究是从20世纪80年代开始变得热门的一个研究方向，它包括经济全球化、文化全球化以及消费与发展的研究。

学术界比较感兴趣的是消费和发展，即发达国家的生活方式和消费品，来到第三世界，会产生什么后果？拉塞尔·贝尔克（Russell W. Belk）曾经研究过消费文化和第三世界的关系，发现来自发达国家的消费文化，扩展到非洲、亚洲的一些发展中国家后，改变了当地的社区传统。在过去，邻里之间是不能相互炫耀的，要避免邻居的妒忌。但是消费文化传递到这里以后，瓦解了社区的结构，使人与人之间的炫耀、他人的妒忌变得可以接受。社区就此陷入了攀比，大家争相购买奢侈品，而牺牲了必要的营养支出。特别是一些原先用于生产性的资源，会因为消费而被大量消耗掉，对社区的生产发展造成负面后果。

还有一个学者叫詹姆斯·杜森贝里（James S. Duesenberry），他提出国际示范效应的概念，即发达国家的炫耀性消费趣味传递到第三世界。它是如何传递过来的？一是教育机制。发展中国家在引进国外教材的过程中，也接收了发达国家的很多价值观，其中就包括消费主义的价值观。二是跨国公司。跨国公司来到目的地国家以后，公司的中上层会和当地员工互动，通过发达国家的消费模式来影响当地的员工。

比如一个跨国公司的总裁，雇用了一个当地的秘书，总裁一到公司就对秘书说“请送一杯咖啡来”。耳濡目染之下，秘书也开始接触咖啡。秘书为了向当地社区的其他人显示自己的身份，便养成了喝咖啡的习惯，久而久之，周围的人也来请教怎么做咖啡喝。跨国公司就这样对当地员工造成了影响。类似的例子还有着装和喷香水，都有着一种国际示范效应。

把发达国家的消费文化传递到发展中国家，跨国公司的广告也是重要的传递媒介。跨国公司想要把产品卖到目的地国家，往往会通过广告塑造一种新的生活方式、新的价值观。此外，来自发达国家的游客，其生活方式也会对当地居民造成示范效应，使得发达国家的消费文化扩张到发展中国家。

它的后果是，如果发展中国家没有经济上、生产上的发展，就会因为消费早熟而挤占自身的发展资源。

还有一个社会学家叫莱斯利·斯克莱尔（Leslie Sklair），他认为今天的经济不再局限于一个国家范围内，而是全球性的，为此他建立了一个全球系统模型：经济层面有跨国公司、跨国资产阶级，政治层面有国际官僚、偏袒资方的政客与专业人员，文化意识形态层面有跨国传媒以及消费主义精英（包括商人和媒体）。这些人联手制造一种全球范围内的消费主义价值观，并身体力行地向发展中国家扩散。

以好莱坞电影为例，它在发达国家、发展中国家上映，并传递了一种生活方式。我记得小时候看过美国的好莱坞大片，留下了一个很深刻的印象：主人公一回到家，把冰箱打开，拿出一罐可乐，“砰”地一拉，然后就喝起来了。当时我就觉得好酷，我长大以后要买一个冰箱，里面塞满可乐，一回家来也“砰”地打开来喝。这其实就是大众传媒给各地受众造成的影响。

针对消费市场的社会扩张

针对消费市场的社会扩张，学术界主要通过社会分层范式来进行研究。社会分层范式主要是基于一个理论视角，即社会不平等。人与人之间不平等，人与人之间有区分，这种区分是动态的，被建构出来的，人们又不甘于落后于他人，所以就会借助消费来显示自己的某种身份地位，或者明明比别人差，还要借助消费来掩盖自己比别人差的事实。

（1）地位竞赛论

社会分层范式可以追溯到凡勃伦，他在1899年出了一本《有闲阶级论》(*The Theory of the Leisure Class*)，提出炫耀性休闲和炫耀性消费的概念。炫耀性休闲背后的逻辑是：我不需要劳动也可以很有钱，因此更有地位。比如说蓝领工人因为工作环境的原因，一般会穿耐脏的蓝色、黑色的衣服，而有闲阶级故意穿白色的不耐脏的西装，这暗示他不需要劳动，而且还很有钱，这就是炫耀性休闲的一种体现。

炫耀性消费，指的是穿戴名牌衣服和手表等超出生存所必需的奢侈品，展示自己的财力和社会地位，从而和他人拉开差距。

朱丽叶·朔尔认为，随着电视的普及，电视会取代邻里成为人们了解参照群体的媒介。邻居是看得见的，但电视里的画面则不同，它会拔高平均标准，把富人标准当作普通人标准，然后人们模仿电视里的富人消费。这就使实际支付能力和参照群体标准之间的差距拉大，造成普遍的焦虑，人们更加拼命赚钱以消除这个差距，这就是地位竞赛论。

（2）社会模仿论

社会模仿论，主要体现为齐美尔的时尚哲学。一方面，富裕阶层为了显示自己高于别人，创造了一套普通人无法企及的符号体系，比如说昂贵的奢侈品，普通人想尽办法去购买这些奢侈品，消除了和富裕阶层之间的区别。为了保持领先地位，富人就会抛弃原来的奢侈品，换一种更昂贵的或其他款式的商品，模仿者只得跟着改变。时尚就体现为这样一种你追我赶的动态变化，它是一种示同力量（我通过模仿，把差别消灭），也是一种示异力量（展现我跟你的不同，我比你更厉害）。

这样的领先和模仿，让领先者和模仿者不仅始终存在时尚时间差，还有空间差。当某种时装被里昂的人穿上时，巴黎的人已经将之淘汰了。

（3）社会区分论

法国社会学家布尔迪厄提出了一个新观点：炫耀还要考虑到趣味的优雅、趣味的合法性，不能像暴发户那样，因此围绕自己的消费选择，他们还会进行合法性论证。比如富裕阶层住昂贵的酒店以显示身份和地位，中产阶级则选择精致露营，倡导追求本真性的生活。富裕阶层说打高尔夫球能显示身份地位，中产就坚持打高尔夫球是暴发户行为，跑步最有趣味。——中产阶层没有雄厚的经济实力，所以要竭力论证露营、跑步的优越性。

事实上，

阶层之间的区分，不仅是经济实力的较量，更变成一种文化趣味的合法性的较量，不同阶层都会利用他们的话语权来声称自己的趣味更好。

攀岩也日益成为中产阶级继露营和跑步之后的又一大爱好（温茜媛 / 摄）

针对消费市场的心理扩张

针对消费市场的心理扩张，学术界越来越关注消费文化的研究。20世纪70年代，消费的行为研究领域中的理论流派，主要是从物品的符号性角度，强调消费的意义和体验。从20世纪80年代开始，社会学研究出现了文化转向。很多学者把消费当作文化现象来研究，例如英国伯明翰大学的当代文化研究中心（Centre for Contemporary Cultural Studies），消费文化构成了该中心的主要研究方向。

在消费文化机制如何作用于消费者这一问题上，存在两种不同的立场。

一种立场是强调消费者是牺牲品。比如法兰克福学派强调资本操纵论，即消费者的消费需求是虚假的，被操纵出来的，所以当消费者去满足虚假的需求时，就陷入了消费异化。让·鲍德里亚提出了符号操纵论。认为需求不是生理的、物理的，而是由广告、时尚机制、大众文化通过符号操纵而创造出来的。

另外一种立场则强调消费者的自主性。消费者不是傻瓜，有自己的洞察力，所以他不完全被资本操纵，主要理论是坎贝尔（Colin Compbell）的“浪漫伦理论”。坎贝尔说，人们为什么会喜新厌旧呢？这可以追溯到工业革命萌芽期，消费者要追求新奇和浪漫的体验，这种追求助长了消费品和技术创新，促进了资本主义的发展。当时出现了一种浪漫伦理，体现为想象性的快乐主义。这种现象的根源在于识字的中产阶级太太爱读小说，特别是哥特小说的习惯。浪漫小说里有很多情节是要靠想象的，这容易让读者对现实产生不满，进而追求想象的满足。这种心理投射到消费行为上，导致了对消费品新奇性的追求。

7 词语辨析，“消费主义”该批判吗？

当人们不再从纯功能视角看待物品，而是将其视为文化元素，重视其符号含义时，消费文化就产生了。

前面讲到了学术理论的范式。学术界经常会用三个可以相互替换的词：消费主义、消费文化、消费社会。这三个词经常混在一起，不过它们之间还是有细微区别的。

消费主义

就我国来说，在20世纪80年代到2000年期间，有大量文献对消费主义进行了批判，把当时国内居民的消费热潮称为消费主义而痛加鞭挞。当时中国还处在短缺经济时代，人们对消费持否定态度是可以理解的。因为在与当时的观念中，消费与主流立场不一致，被视为洪水猛兽，因此在很长的时间内被抑制。

但是这种批判，一旦把人民追求美好生活的正常的消费现象和被赋予贬义的消费主义挂上钩，就有了问题。戴着有色眼镜看待改革开放以后人们的消费热情，事实上是在一个自己想象的空间里跟稻草人作战，敌人并不存在。所以需要批判的并不是消费主义，而在于消费主义可能导致的自我的虚假化和社会关系的异化，以及对环境的可持续发展的破坏。

所以，

我们不应把消费主义当作一个贬义词，而应把它当作一个中性词。

什么叫消费主义？消费主义是描述一种现象或机制的词，用来描述现代社会中人们的欲望形态所发生的改变。当消费市场饱和，经济要继续增长，就必须改变原来对待物的态度，不能只是从功能的角度来看待，还要从体验、符号的角度来看待。我们对物的欲望改变了，因为欲望是动态的，是可以被塑造出来的。

消费文化和消费社会

当人们不再从纯功能视角看待物品，而是将其视为文化元素，重视其符号含义时，消费主义就产生了。消费不再只是某种生理活动和经济活动，而变成了塑造自我认同和社会认同，表达某种意义和品位的风格化实践。

随着消费市场饱和阶段的到来，消费的作用被社会多数成员意识到，这为消费欲望的满足解除了道德和宗教禁忌，使其获得社会合法性，消费社会就这样被建立起来了。我们现在去追求消费，没有人再谴责是“资产阶级生活方式”，这就为消费欲望确立了合法性。同时，消费社会也为消费欲望的提升提供了诱导性的条件。比如超市请某个歌星到超市门口又唱又跳，趁机促销产品。

在解决消费市场饱和的过程当中，经济、政治、社会和文化因素联动，促成了居民消费欲望的动态提升。在消费社会中，消费已成为一个重要的增量型的变量。社会发展不再仅仅依赖生产推动，消费的作用也日益凸显。我们讲消费社会，并不意味着生产不重要，相反，生产仍然至关重要，但同时，它也离不开消费的协同作用。

8 展望终将到来的消费社会

消费社会不是洪水猛兽，但也不能放任自流，要去约束它，预防和减轻它的负面影响。

消费社会的诞生是为了解决消费市场饱和的问题，但也带来了一些可供批判的现象。

第一个是消费者的自我虚假化。我们会借助消费来塑造一个被人为操纵出来的社会形象标准。比如我们人为制定一种美的标准，然后以这种标准要求自己，最终陷入了容颜焦虑。这使得消费者过度追求外表，轻视精神内涵，不听从自己的内心，顺从外在的权威，过于计较他人对自己外表的评价。因此，马尔库塞（Herbert Marcuse）早就指出，消费是一种虚假的需要。弗洛姆（Erich Fromm）也认为，消费将占有的重要性置于存在之上。

第二个是关系的疏远化。让·鲍德里亚曾经在《消费社会》里评价当今的消费者陷入个体主义，我们不再有过去那种群体性活动，大家都在家里看电视，哪怕是在球场看球赛也不是集体主义的，只不过是无数个体主义者聚集在一起而已。

哈佛大学教授罗伯特·帕特南在《独自打保龄》中提到，美国的社会生活走向衰落，其典型表现就是人们独自打保龄球。英国学者齐格蒙特·鲍曼在《立法者与阐释者》中也讲过，消费社会让人们的社交技能退化，社交技能转化为购物技能。从前人与人的交往现在被人与物的交往所替代。过去我们会向朋友倾诉内心的痛苦，现在则向市场求救，即找心理医生来寻求安慰，这就导致了人际关系的疏远化。

第三个是人与自然的对立。今天的消费社会出现了过度消费、过度包装以及由之带来的垃圾废弃过多的现象，对环境和生态造成损害，且这种损害具有不可持续性。1992年6月，联合国在巴西里约热内卢召开了“环境与发展会议”，会议通过和签署了《21世纪议程》，明确将不适当的消费模式同生产模式纳入导致环境恶化等问题的原因之列。

在改革开放前，中国实行的政策倾向于抑制消费，强调勤俭节约、艰苦奋斗。当时，注重消费享受被看作资产阶级思想和生活作风的体现，被认为是丧失无产阶级斗志，做了资产阶级生活方式俘虏的表现。改革开放以后，中国放弃了抑制消费的政策，增加消费品供给，改善人民生活。国家开始放弃干预私人消费生活，并且对居民消费采取补偿政策，引发了购买电视机、冰箱、洗衣机的热情。这种消费不应被当作消费主义加以谴责，它其实是一种对过去抑制消费的补偿。

1997年亚洲金融风暴以后，国家强调要扩大内需，包括扩大居民的消费，对消费的态度发生了很重要的改变——消费变成了经济增长的手段。党的十八大以后，国家还把消费与人民对美好生活的需要联系在了一起。

罗伯特·帕特南

Robert David Putnam，1941—

美国政治学家，曾担任美国政治学协会主席、哈佛大学肯尼迪政府管理学院院长。主要研究领域是政治学、国际政治和公共政策。他将“社会资本”的理论概念从社会学领域引入政治学领域，掀起了相关研究浪潮。著有《使民主运转起来》《独自打保龄》等。

罗伯特·帕特南《独自打保龄》
（Simon & Schuster, 2000）

齐格蒙特·鲍曼

Zygmunt Bauman，1925—2017

波兰社会学家、哲学家，曾任利兹大学社会学教授、华沙大学名誉教授。鲍曼因将现代性、大屠杀以及后现代消费主义联系起来而广为知名，在理解当代社会的本质以及从现代性到后现代性的过渡方面，他一直是最有影响力和最有趣的贡献者之一。著有《现代性与大屠杀》《流动的现代性》《共同体》《被围困的社会》等。

中国现在面临的主要问题之一是中产的规模还不够大。我们有消费社会的特征，但还不是典型意义上的消费社会。我国还有大量的低收入人群，甚至还有很多人的月人均可支配收入在一千元左右。

按照经济发展的普遍规律，中国的消费社会是一定会到来的。消费社会不是洪水猛兽，但也不能放任自流，要去约束它，预防和减轻它的负面影响。要注重人与环境的和谐，注重物质消费和精神生活的平衡，注重私人消费和集体消费的平衡。

王宁的延伸书单

- 让·鲍德里亚:《消费社会》，刘成富、全志钢译，南京大学出版社，2014年。
- 王宁:《从苦行者社会到消费者社会：中国城市消费制度、劳动激励与主体结构转型》，社会科学文献出版社，2009年。
- 王宁:《消费社会学》，社会科学文献出版社，2011年。
- 朱迪:《品味与物质欲望：当代中产阶层的消费模式》，社会科学文献出版社，2013年。

- 电影《一个购物狂的自白》(*Confessions of a Shopaholic*)，2009年。
- 纪录片《无节制消费的元凶》(*The Men Who Made Us Spend*)，2014年。

新疆尉犁县，主播黑子在梨园拍短视频（张雷 / 摄）

第十讲

数字世界

——那些被互联网淹没和创造的（21世纪初至今）

王天夫

清华大学社会科学学院院长
清华大学社会学系教授

数字时代的技术革命打破了传统社会的边界，彻底改变了人们的生产方式和生活方式。与传统工业社会相比，数字社会呈现出全新的连接方式、行为模式、知识体系、价值体系和社会结构。信息茧房、算法黑箱、隐私保护等新问题不断涌现，而城乡生活趋同、群体智能的崛起也为社会带来了新的机遇。数字社会的未来，既可能是乌托邦，也可能是反乌托邦。

在本讲中，清华大学社会科学学院院长、社会学系教授王天夫将从算法推荐、零工经济、网络身份等现象出发，深入剖析数字社会的内在逻辑。

1 “根本性”的变革已经降临

数字社会对社会的宏观和微观层面都产生了根本性的影响，涵盖了日常工作生活的方方面面。

数字通信技术是当前推动人类社会往前发展的新一轮技术革命。在数字技术的推动下，经济有了飞速的发展，社会关系、人际互动以及由此产生的社会结构、社会治理等方面也有了根本性的变化。

在开始讨论之前，我们首先来看一系列的数据。截止到2022年第一季度，全球使用数字网络的人口达到52.5亿，占总人口的66.2%。根据最新的报告，截止到2021年12月底，中国网民的规模已经达到了10.32亿，占总人口的73%，高于全球平均水平。

很多时候我们可能会以为，农村数字网络的普及率远远落后。事实上，同一报告显示，我国农村网民的规模已经达到2.84亿，占整个农村地区人口的57.6%，超过总人口的一半；在全国，也有接近3/4的人口在使用数字网络。

现在的日常生活里，我们离不开手机。我们使用手机来读取新闻消息，用手机乘坐公共交通、支付超市的账单，甚至开启社区的门禁。如果使用可穿戴设备，我们还可以用手机来连接它们，监测和追踪自己的健康数据。疫情期间，我们使用手机来显示健康码，展示行动轨迹。当然，更重要的是我们使用手机中的社交软件，跟亲朋好友随时随地保持联系。所有的这些都显示，我们的生活已经离不开数字技术，数字社会已然到来。

数字社会对社会的宏观和微观层面都产生了根本性的影响，涵盖了日常工作生活的方方面面。它带来的根本性的社会变迁，与工业化带来的社会变迁具有相同性质。

韦伯认为资本主义发展到后面，形成的高度分化、例行化的社会结构，反而会压抑人的思想与行动，成为现代人的新“牢笼”

18世纪后期，工业革命促成人类社会从农业生产向工业生产的大飞跃，社会产生了根本性的变革。工业革命前，农业社会里也有城市，但它更多的是人们聚居的场所。某些特定的城市可能有政治性的功能，但主要还是聚居和贸易的场所，人口的规模也比较小。但在工业革命以后，整个城市变成了人们工作生活的主要场所，城市人口急剧膨胀，城市也变成人类社会有史以来创建的最恢宏的结构。与之前的城市相比，工业革命后的城市不仅物理外貌发生了巨大变化，人与人之间的关系、社会的组织、宏观的社会结构也发生了深刻改变。同时，这种变化还引发了一系列其他问题，例如，随着人口聚居和城市扩大，传染疾病的出现也变得更加频繁。

数字革命对于人类也有同样的影响，我们理解和认知数字社会的方式和方法也必然发生改变，各种各样的社会新思想由此产生。举一个例子，大家熟悉的

“信息茧房”

讲的是数字社会数据的泛滥，人们在获取信息的过程中受到各种各样的限制，最终只是局限在特定的信息来源里，获取特定类型的信息。在这种受限的信息获取过程中，人们的视野和思想会越来越狭隘。“信息茧房”这个概念是在数字信息飞速发展的背景下出现的，和当初韦伯讨论

“理性的牢笼”

的逻辑非常相似。事实上，这个概念最早于2006年出现在美国。和“信息茧房”类似，日本在2004年也有过关于“信息围墙”的讨论。这些概念是在数字社会来临后，由社会思想家在探讨其基本特征时总结出来的。这些新的概念和思想有助于我们剖析数字社会的形态，分析人类社会的未来走向。

中国数字网络的使用人口规模是全球最大的，与此相应，数字网络的活动也是最多的，产生的数据也最丰富。中国数字社会的实践活动和经验材料，远远超过了世界上其他任何社会。从这个意义上来讲，数字社会为中国社会思想的发展提供了一个契机，我们需要把握住这个机会，这也是我们理解和认知数字社会的一个根本性任务。

2 突破社交网络的“等级结构”

数字社会中的社会连接根本性地改变了社会关系结构，以往的等级结构一定会朝着扁平化方向发展。

我们都知道，在社会里我们看到的都是单个的人，但独立的、单个的人不能被称为社会，人与人之间只有互相连接，产生一系列社会关系、社会行为，再往上推广到社会结构、社会制度、社会秩序等，社会才能成型。所以社会形成的第一步，就是人与人的相互连接。

连接的时候需要交流沟通，这个过程就会传输各种各样的信息。数字时代的信息和沟通，呈现了一系列基本特征。首先，信息是数字化的，即以0和1这样的电子信号来存储，完全不同于以往所有的信息形态。以前的信息存在于书本上，存储在磁带里，是以物理方式储存的，因此传递存在限制；但数字信息可以几乎无成本、无限制地传递。其次，数字信息的计算。信息的数字化意味着信息能够被用作数据，进入计算程序。再次，数字网络化。数字信息的传递通过作为节点的相互连接的计算机终端网络完成。最后，数字时代的信息还有一个特点是智能化。信息经过整合、计算、优化之后，可以重新反馈到现实世界，为下一步行为提供决策的基础。数字信息具备这样的特点，由此而建立起来的数字社会连接也显示出以下几个特征：

第一，数字技术拓展了社会连接的边界。理论上，每一个人可以与任何一个人或所有人轻易相连。第二，数字网络促进了社会连接的信息共享。因为数字信息复制与传递的便捷，人与人之间可以进行几乎零成本的海量信息交流。第三，数字信息传递提升了社会连接的时效。数字网络中的人与人之间的信息交流能够即时完成，极大提高了信息传递的速度和效率。第四，数字连接的便利带来了社会连接对于数字技术的依赖。人们工作与生活中原有的连接方式已转换为基于数字网络的数字连接，连接方式发生了根本性的变化。

一个很重要的变化是，以往的社会连接都是通过人与人之间的社交网络形成的，在这个过程里，随着人数规模的扩大，网络通常会形成等级结构。一些人会占据网络连接的节点，获得更多的信息，由此在整个社会连接中获得结构性的权力。数字社会便捷快速，信息含量可以无限增大，每一个人跟外界连接，完全可以不通过以往社会关系网络中的结构性策略节点，直接抵达需要连接的人。从这个意义上来讲，

数字社会中的社会连接根本性地改变了社会关系结构，以往的等级结构一定会朝着扁平化方向发展。

我们把视野拓宽一点，从更宏观的人类历史变迁的角度来看，一个生活在农业社会里的人，生活范围在很大程度上就是其从事农业生产的社区，这个人整体性地嵌入社区里，在他个人之上有家庭、家族，所以他在整个农业社会里的社会连接，一定是以家庭为单位往外拓展的。家庭或者家族就变成了他开展社会连接的一个中间环节或者中间结构。

到了工业社会，重要的社会活动都发生于工厂、企业这样的组织结构里。人的工作活动，显然是以企业或者工厂这样的组织结构为基本单位开展的，所以个人与外界社会的连接，以及由此间接产生的更大的生产活动、贸易活动等，都是以组织结构为中介来拓展的。

在数字社会里，个人作为单位，不再依赖家庭、组织以及个人之外的其他任何社会结构，而是可以通过信息通信技术直接与他人建立连接。这种便捷的社会连接把个人直接带入形成社会关系的过程。家庭也好，工厂、企业等组织结构也好，都可能被由数字技术形成的社会连接所穿透。

可见，在数字社会里，个人绕开了这些中介结构，直接加入社会连接，成为形成社会关系最基本、完整的单位，这就极大改变了社会关系、社会结构以及社会秩序的形成过程。

3 生产工作
切割出来的“零工经济”

零工经济的发展一定会带来工作和生活之间界限的模糊，工作可以无限延伸到生活的领域。

接下来我们将谈谈数字社会中的生产工作。

首先来看2021年《财富》世界500强利润率榜单。在这个榜单中，排在榜首的是软银集团，利润率高达83.7%；排在第二位的是台积电，这是一个生产芯片的公司；排在第三位的是脸书；中国的腾讯以超过33%的利润率排在榜单的第四位。我们看到，榜单的前四家公司都与数字技术有非常密切的关系。

可以认为，数字技术相关的公司已经变成了当今世界上最能赚钱的公司，在世界经济发展中走在最前列。这样一来，这些公司的经营理念、经营模式，毫无疑问会影响到工厂企业的生产组织方式，可以说数字技术已经深刻改变了生产过程。

数字社会里，生产是如何被重组的？在数字社会的生产过程里，数据已经成为基本的生产要素，直接参与了价值的生产过程。

一个非常著名的例子，就是电商亚马逊。亚马逊最早是一个网上书城。在卖书的过程里，让顾客知道什么书最好、什么书最适合他们，是扩大书籍销量的一个非常重要的手段。亚马逊最早的推广，是组建一个专家队伍，由这些专家推荐好书、撰写书评，让读者在购书过程中能够了解这些好书的基本内容，以及它在哪些方面适合自己。这样一个大约二十人的专家队伍，成为亚马逊早期最重要的资源。这一支队伍在推荐书籍方面做得非常成功，使得亚马逊在早期的书籍销售中一骑绝尘，远远超过了其他的售书网站。

但是后来，随着读者的积累，书籍的购买者积攒了越来越多的行为数据，亚马逊网站就开始利用数据来给读者推荐书籍。在这个过程中，亚马逊发现一个很好的算法，它跟书籍的内容、购买者的社交关系网没有太大的关系，单纯通过数据的运算找到不同书籍之间的联系，然后根据书籍的联系过程，向目标读者推荐书籍。

随着时间的推移，亚马逊逐渐发现，由书籍之间相关性产生的算法推荐获得的销售量的提升，远远高于专家队伍。久而久之，亚马逊就变成了一个以算法为基础的图书销售书城，原有的专家队伍也逐渐解散了。这是一个数据进入生产过程，开始生产价值的一个例子。

事实上，数据不仅是一种生产要素，它进入生产过程后，还可以成为一个非常重要的信息资源，促进市场双方在交易过程中的信息沟通，使得交易的过程变得更加通畅，减少市场失灵。

这里有一个很好的例子。在印度半岛的西南端，有一个邦叫喀拉拉邦，这里很多人以打鱼为生，渔民当天捕鱼的量如果超过了卖出去的量，鱼就会因为变质，不能再进行贩卖，所以在捕鱼、卖鱼的过程中经常会出现市场交易匹配不平衡的情形。

后来喀拉拉邦的渔民开始利用手机把自己的捕鱼业务发到网上。每天渔民捕鱼之前，潜在的收购商或者购鱼者就会通过网络向渔民预定购鱼的数量。这样一来，他们在捕鱼的过程里，就会根据已有的订单来决定捕鱼的数量，使得整个市场交易的过程变得非常顺利。在这个例子里，数据成为市场交易过程中促进交易完成的一个基本要素。

在工业制造业的发展过程里，集中生产、大规模生产是一个基本的生产组织结构。集中生产、全球分销在大工业化时代非常高效，但会面临极其高昂的交易成本。

在数字社会里，信息传递变得非常便捷，集中生产变得越来越没有必要。一个很典型的例子，就是平台经济的产生。

平台作为组织数字时代的生产过程，会收集、记录和传递信息。它是一个自动化、技能化、即时化的过程，并且平台会把这些信息分发到不同的工作岗位和工作人员手里，非常高效。这就使得所有工作过程里的等级结构进一步扁平化了。

从另一方面讲，接受平台工作的员工，他们的工作内容和工作地点也产生了非常大的变化。首先，工作内容可以是重叠的，也可以是分段的；其次，工作地点分散到不同的物理地点，远程办公的形式也随之出现。

平台经济切分工作内容和工作地点，形成了一种零工的劳动形式。这里讲的零工劳动或者零工经济，不是临时性的工作，而是零散性的工作。在一段时间之内，同一个劳动力可能会零散地干着好几件工作，这就是所谓的

零工经济。

事实上，很多人现在从事的工作虽然是全时的，但是有好多工作岗位和工作内容会同时叠加在他自己的工作时段里，所以他变成了一个全时的零工。毫无疑问，这样的全时零工非常高效，同时劳动量也非常大。

在数字时代里，工作岗位往往被切分得非常细。在这种情况下，劳动者或者工作人员需要在不同的工作内容或者岗位上来回切换，这不仅要求他们投入大量精力，也对他们的专注力提出了更高的挑战。事实上，这极大地增加了劳动量。所以有一些理论家认为，在数字时代，这些全时的零工是过劳的。

正因为有了这样一系列被切分的工作内容和工作地点，

所以在数字时代里，零工经济的发展一定会带来工作和生活之间界限的模糊，工作可以无限延伸到生活的领域。

如今，手机的普及让雇主可以随时找到你。从这个意义上来讲，生产和生活之间的界限变得越来越模糊，这也是生产过程逐渐走到社会生活各个角落的一个例子。

4 群体智能与网络化的个人主义

在数字社会里，不同地理位置、不同社会阶层的群体，他们的生活方式展现出了一种趋同倾向。

我们再来看一组数据。截止到2021年，中国的手机网民规模已经达到10.29亿；短视频的用户规模达到9.75亿（毫无疑问有很大一部分网民是在手机上使用网络看视频的）。同时，中国的网络支付用户规模超过9亿，通过网络购物的用户超过8亿；2021年，在网上点外卖的用户达5.44亿，在线办公的用户达4.69亿。所有这些数据都让我们感受到，我们的社会生活已经与手机、与数字技术分不开了。

群体智能，扩展接触世界的机会

因为有了数字技术，我们在日常生活中接触世界的机会增多，自我学习的资源也得到了极大拓展。

举一个例子，十几二十年前，很难想象大百科全书可以成为所有人

近年来，手机更新换代的速度越来越快

免费查阅的公共资源。因为一套大百科全书非常厚，编辑的过程也非常艰辛。购买一整套纸质版的大百科全书不仅所费不赀，而且存储、查阅都非常困难。但现在我们都可以很方便地利用网上的百科全书查阅知识，不管是维基百科还是百度百科，都是开放且免费的。

在互联网发展早期，几乎所有人都嘲笑网络百科错误百出，但现在它们的准确率大幅提升，人们对它们的信任也显著提升。因为在每时每刻，全球的每个角落都有人能够参与到网络百科的修订过程中，这是一种群体智能。正是靠着群体智能的共同努力，网络百科终于成为众多网民获取知识的来源。

网络身份的出现，自我认同与表达的变化

在网络时代，人们很大程度上都“生活”在数字网络上，数字身份也随之出现。网络身份不只是在网上自我显示的一种身份，我们的物理特征、身体特征等都有可能成为网络身份的一部分。比如佩戴健康设备监测健康数据的人，他的心跳、血压等健康数据也会被网络记录。

网络身份的出现，会将部分个人身份分配到网上，成为自我身份的显现。不过人们在网上的自我认同、自我表达的方式，与现实社会中的相关行为有非常大的差异。因为现实中人们会受到社会关系和社会情境的限制，而在线上的表达过程中，这些限制并不存在，所以网络上的表达很容易出现激烈性的话语。而线上和线下的社会舆论或者社会表达有相互推动的趋势，这就导致很多社会舆论在网上显得非常极端，从而出现两个趋势：一是放大的一致性。某些特定的社会舆论，会具有压倒性的力量。网络舆论上“正确”的一部分会压倒另一部分。另一个是极端的对立性。如果有两方互相对立，线上舆论的冲突会非常激烈，这就会导致网上话语出现激烈的碰撞。

社会关系变化，网络化的个人主义

在数字社会里，社会关系也会出现非常大的变化。个人的社会关系可以随时被数字连接的即时性、便捷性切割。以微信为代表的社交软件，可以让同一个人在短时间内快速切换不同的社交关系：上一秒，他可能在与老师联系，处于一个师生关系的场景；而下一秒，他可能又会接到父母的信息，需要马上转换到父子关系的场景里。

在这样的社会关系里，人与人之间的社会交往经常会被切成碎片式的场景，很难有整体性的社会交往。具体来说，一个人在网络上加入了很多群体，这些群体都是有特定任务的，完成了这一项任务，或者达到特定目的后，他跟这个群体就没有太深的交流交往了。比如说你可能会加入一个大众点评的群体，因为要去探索美食；也可能会加入一个旅游的群体，从中获取关于旅游的信息；等等。从这个意义上来讲，当个人把所有的精力和情绪分配到数量巨大的特定网络群体后，他的社会关系、注意力、情绪和情感也都会被切分到这些网络群体中，这是其一。其二，个人在加入这么多网络群体后，他对这些群体的融入都只有一部分。这个人在所有网络群体里都是浅层次融入，并没有像处于一个共同体社会那样，进行整体性的融入。这种像处在局外一样的状态，就是所谓的网络化的个人主义。

总结起来，在数字社会里，人们的社会关系一方面会变得更加复杂，会有更多连接；另一方面，人与人之间的交往被切割，交往的层次也没有整体性融入，形成了一种网络化的个人主义。

城乡生活的趋同

在数字社会，处在不同社会结构或者社会阶层的人，他们的生活在很大程度上有趋同的趋势。

比如说城乡差异。经典社会学里通常会讲，城市生活和乡村生活有着非常大的差异。在小说或者艺术作品里，乡村生活通常展现为悠闲、缓慢的田园生活；而城市生活则非常匆忙，人与人之间的谈话直接、人情淡漠等。这两者之间是农业文化与工业文化的差异。

但到了数字社会之后，我们会发现城乡之间的生活方式有了非常大的趋同趋势，这得益于数字网络的普及。例如农村很少有电影院，电影院更多是建在人口密集的大城市，以往只有城市人才能方便地看电影。现在，所有人都在网上看影视作品。这样一来，电视剧或电影的传播就超越了电影院这种物质形式，城乡之间的这一差异被抹平了。

从这个意义上来讲，在数字社会里，不同地理位置、不同社会阶层的群体，他们的生活方式展现出了一种趋同倾向。

推荐阅读

◎ 巴里·威尔曼（Barry Wellman）最早用“网络化个人主义”（Networked Individualism）这一概念来描述技术变革下人们社会交往方式的变迁，并进一步把这一概念发展成为当代的“新型社会操作系统”（New Social Operating System），构建了新媒体传播时代社会研究的微观范式。网络化个人主义理论视角下的社会秩序，既不同于基于科层官僚制下的宏大社会体系，也不同于基于家庭或邻里的紧密联结的传统社群结构，而是以社会网络的形式呈现的。个人不再嵌入群体之中，而是处于社会网络之中。每个人都是自己多元社会网络的中心，同时又是他人社会网络的一环。社会交往不再是基于群体的交往，而是个体与个体之间的网络化联系。

5 乌托邦还是反乌托邦？

对绝对计算理性的追逐，有可能让我们人类丧失自由意志。

前面提到，数字技术为社会带来根本性的变迁，重组了生产过程，重塑了社会生活方式，使得整个社会的运行机制发生了根本性的变化。那么未来的数字社会可能是什么样子？社会思想家通常有两种看法。

一些学者觉得，数字技术带来的进步会使得社会中的个人借助数字网络，不受任何限制，在任何时间、任何地点与其他人交流互动，从而极大提升个人参与各种社会活动、学习知识的机会和能力。从这个意义上来讲，数字技术提升了人们的生活水平，扩大了人们的自由空间，所以未来是一个乌托邦的数字社会。

但另外一些学者提醒我们要保持警惕。他们认为在数字社会里，人的活动都能生成数据，从而留下痕迹。这些数据会被某些人或者机构获得，成为获取高额利润的重要资源。这些数据还可以用来分析个人的偏好、观念、行为，甚至是未来计划。所以未来是一个反乌托邦的数字社会。

对于这两种看法，不同的社会思想家都有过论述。我们简单选择几

现代人无时无刻不处在大数据的监视之下

个正反社会运行机制，做一个简单的讲解。

数字社会毫无疑问会带来海量的信息，使得所有的人都能够接触到更多的知识；但是另一方面，正因为这样海量的数据，人们更加依赖偏狭的渠道来获取信息。因为面对海量的数据，人们需要一个选择机制，选择的过程会导致偏颇。前面提到过的“信息茧房”和亚马逊公司的推荐算法就是生动的例子，两者都是一种信息的投喂。

事实上，人们在信息社会里获取信息的同时，也会用自身的一系列个人行为、身份信息作为交换，将其留在数字网络之中，这些数据会反过来影响我们获取开放自由的信息。

这些敏感的个人信息，很容易被其他人利用，用来进行网络诈骗、人肉搜索，对我们造成损害。人肉搜索是一种典型的网络暴力，通过对网络空间里的数据进行挖掘，将个人的身份信息曝光到社交平台，让受害人在网络上，甚至在现实社会里遭受舆论的暴力，导致人的“社会性死亡”。

前面我们提到过，数字技术使得个人能够更便捷地与其他人相连，所以等级结构体系在数字社会里会慢慢失去存在的可能，呈现扁平化趋势。这也是很多持乌托邦观念的社会思想家所推崇的去中心化，认为它能带领我们走向更为平等、自由的社会。

但我们反过来思考：在信息交互中，如果有收集、计算、再分配和再利用的过程，那么一定有集中收集这些数据的节点，这个节点会变成控制海量数据的中心。所以

数字时代在拥有去中心化趋势的同时，又结构性地拥有集中化的趋势。

比如前面提到的平台。它就是一个收集、整理、计算、分配数据的节点。平台在分派工作岗位时，毫无疑问掌握着工作内容、工作过程、工作岗位的信息，那些由平台经济控制的工作人员，在面对平台时会处于非常弱势的地位。

在数字社会里，信息可以被计算，经过计算并反馈回来的结果，在

很大程度上会提升我们的决策效率，这也是数字智能化的一个目标。这些计算被称为算法，本质上是自动化的一系列程序，它不仅控制了数据的运算，随着数字智能化的加深，还能影响人们的决策，参与到社会资源与社会权力的分配过程中。从这个意义上来讲，算法有着非常大的威力。问题是，这些算法对于很多普通人来讲是难以理解的。如果用户无法了解算法的生成法则和机制，那么算法在很大程度上就会脱离用户的控制。因此，无论从其自身发展来看，还是从可能被他人滥用的角度而言，算法都可能成为一个脱离社会的“怪物”，成为“黑箱”。

最重要的一点是，

对计算理性的无限制追逐，也可能导致人们受困于其中。

韦伯在讲述工业社会的变迁时提到，人们对于理性的追逐，可能反而会使自己陷入“理性的牢笼”。这个悖论同样适用于数字时代。数字时代也有一种计算理性，而数字时代的算法本身并没有深究其中的因果机制，在很大程度上它是根据一系列的关联计算得出的。如果这种计算理性被任意运用到社会运行中，并且以理性的名誉来干预社会运转的话，一定会有违背社会道义、伦理法则的情况出现。

举一个例子，如果可以通过大数据使用特定的算法来预测犯罪，标记潜在的罪犯，不管这个预测模型有多么完美，最后的结果一定是有一些人即使没有做任何犯罪的行为，却要承担指责，甚至是法律的惩罚。因为他已经被精确的计算理性指定为未来的罪犯。

从这个意义上来讲，对绝对计算理性的追逐，有可能让我们人类丧失自由意志。一旦人们丧失了自由意志，也就否定了人之所以为人的根本。

总结起来，数字技术本身既有积极因素也有消极因素，未来的数字社会可能是乌托邦，也可能是反乌托邦，正反的因素都在起作用。数字技术本身并没有一个特定的倾向，重要的是使用技术的我们想要将未来的数字社会建成什么样子。

6 伦理与科学，数字社会的思考

大范围地获取全样本数据，在研究伦理上需要进一步的探讨和深思。

撒玛利亚会是英国的一家慈善组织，它为抑郁症患者提供帮助和服务，尤其是对重度抑郁症患者或有自杀倾向的人，还会提供专门的支持。

2014年8月，撒玛利亚会上线了一款应用软件，叫“撒玛利亚雷达”。它会根据患者在社交网站的一系列表达，通过数据分析，得出这些人的自杀倾向，对于那些自杀倾向特别严重的患者，撒玛利亚雷达会马上标记出来，并且用警示的语言提醒该患者的朋友，尝试推动这些朋友去阻止潜在自杀的发生。

但是撒玛利亚雷达上线没多久，就引起了巨大的争议。有一些人直截了当地质疑：这些算法在分析有着特定情绪色彩的文本时，到底有多准确？它在标记潜在的自杀行为时，是不是有错误？也有些人认为撒玛利亚雷达把患者标记为潜在自杀者并直接通知他的朋友，直接侵犯了当事人的隐私。这样一个耻辱的标签会严重影响当事人的公共形象，以及未来的社会情绪。

还有很多人批评撒玛利亚雷达根本就没有考虑社会科学的基本原则。比如说，一旦重度抑郁症患者意识到撒玛利亚雷达的存在，他就有可能对他在社交网站上的文字表达做出改变，这样一来，反而让这些患者更不容易被发现。这种对社会科学基本原则的疏忽，动摇了整个撒玛利亚雷达的设计基础。

毫无疑问，撒玛利亚雷达尝试着使用新的数据和方法来推动和解决涂尔干开创的自杀研究这一经典社会学命题。如果它成功了，会是一个非常好的利用数字技术来干预社会，提升生活品质的案例；但是它最后却被发现有各种各样的缺陷。可见，数字技术如果要应用于社会干预或者解决社会问题，一定要考虑到社会科学的一些基本原则。

我们现在理解和认知数字社会，都使用哪些具体的方法和过程？

大数据是我们进行社会研究的动力基础。数字生活数据、数字化的生活数据、数字痕迹数据、设备记录的行为数据，所有的这些都是我们开展数据研究非常重要的资料。因为大数据本身是一种实时的数据，没有人为的干预，这是一个非常重要的优势。此外，大数据是一种全样本数据，不是某一个部分的数据，对于数据科学家、社会研究者来讲，是一种非常理想的数据。

使用大数据来研究数字社会，有一个非常重要的假设：坚信人们行为所产生的痕迹数据，可以展示整个社会的复杂性，通过对大数据的剖析和分析，能够揭示人类活动的规律。大数据分析的确吸引了各个学科的众多研究者，包括物理学家、计算机科学家、统计学学者、传播学学者、社会学学者等。但我们在使用大数据研究数字社会的时候，需要有一些清醒的认知。

正如撒玛利亚雷达的例子所揭示的，当意识到自己的行为或者产生的痕迹数据被用于研究时，人们往往会改变行为模式，这种现象在数据测量中被称为“自反性”，而自反性效应会导致数据收集的不准确。这是大数据的一个局限。大数据的另一个局限是，它往往是在描述状况和关联性的联系，而我们在社会研究中，很多时候需要演绎和批判，这些研究往往会超出大数据所能提供的研究范式。这样看来，

大数据测量人们的真实行为的准确性，是要打上一个问号的。

此外，大范围地获取全样本数据，在研究伦理上也需要进一步的探讨和深思。

在工业革命发生的七八十年后，社会学作为一门学科才得以诞生，而数字社会也是一种崭新的社会形态，我们对于相关的知识和数据的积

累还处在初级阶段。数字社会的研究可能还有很长的路要走。

与工业社会相比，数字社会具有完全不同的社会连接方式，并催生了全新的知识体系和价值体系。当前，我们要密切关注数字技术带来的变化，理解和把握这些新事物，这对于建设数字社会具有重要意义。

王天夫的延伸书单

◎ 阿莱克斯·彭特兰:《智慧社会：大数据与社会物理学》，汪小帆、汪容译，浙江人民出版社，2015年。

◎ 弗兰克·帕斯奎尔:《黑箱社会：控制金钱和信息的数据法则》，赵亚男译，中信出版集团，2015年。

◎ 凯斯·R.桑斯坦:《信息乌托邦：众人如何生产知识》，毕竞悦译，法律出版社，2008年。

◎ 尼古拉·尼葛洛庞帝:《数字化生存》，胡泳、范海燕译，电子工业出版社，2017年。

◎ 维克托·迈尔-舍恩伯格、肯尼思·库克耶:《大数据时代：生活、工作与思维的大变革》，盛杨燕、周涛译，浙江人民出版社，2013年。

◎ 维克托·迈尔-舍恩伯格、托马斯·拉姆什:《数据资本时代》，李晓霞、周涛译，中信出版社，2018年。

图书在版编目（CIP）数据

社会学看中国 : 中国社会学通识课 / 渠敬东等著 . — 北京 : 生活书店出版有限公司 , 2025.3 （2025.5 重印）
ISBN 978-7-80768-426-8

Ⅰ. ①社… Ⅱ. ①渠… Ⅲ. ①社会学—中国 Ⅳ. ① C91

中国国家版本馆 CIP 数据核字 (2023) 第 142663 号

责任编辑 何剑楠
装帧设计 蔡 煜
责任印制 孙 明
出版发行 生活书店出版有限公司
（北京市东城区美术馆东街 22 号）
邮 编 100010
经 销 新华书店
印 刷 天津睿和印艺科技有限公司
版 次 2025 年 3 月北京第 1 版
2025 年 5 月北京第 2 次印刷
开 本 710 毫米 × 1020 毫米 1/16 印张 18.5
印 数 4,001－9,000 册 图 99 幅
字 数 248 千字
定 价 79.00 元
（印装查询：010-64052066；邮购查询：010-84010542）